OKR
使用手册

姚琼 / 编著

中信出版集团 | 北京

图书在版编目（CIP）数据

OKR 使用手册 / 姚琼编著 . -- 北京：中信出版社，2019.5（2025.7 重印）
ISBN 978-7-5217-0252-1

Ⅰ . ① O… Ⅱ . ①姚… Ⅲ . ①企业管理 – 手册 Ⅳ . ① F272-62

中国版本图书馆 CIP 数据核字（2019）第 049944 号

OKR 使用手册

编　著：姚　琼
出版发行：中信出版集团股份有限公司
（北京市朝阳区东三环北路27号嘉铭中心　邮编　100020）
承 印 者：北京通州皇家印刷厂

开　本：880mm × 1230mm　1/32　　印　张：7　　字　数：150 千字
版　次：2019 年 5 月第 1 版　　印　次：2025年 7月第 23 次印刷
书　号：ISBN 978-7-5217-0252-1
定　价：42.00 元

目　录

前 言

当三年前我开始辅导企业运用 OKR（Objectives and Key Results，目标与关键结果）的时候，市面上很少有关于 OKR 的书籍。感谢中信出版社出版了 OKR 倡导者约翰·杜尔（John Doerr）的著作《这就是 OKR》（*Measure What Matters*）。在全国各地的课堂上，我也是这本书的宣传大使，我竭力推荐学员学习这本书。需要参加我课程的学员，可以首先自学这本书；上完我课程的学员，必须把这本书作为课后读物。在阅读完了英文版和中文版的书籍之后，我又一次被约翰·杜尔所推崇的 OKR 理念折服。我的培训课程“OKR 敏捷绩效管理”（同名书也已经出版）所倡导的绩效管理创新变革理念、OKR 敏捷目标管理理念、全员激励等理念，全部体现在《这就是 OKR》的内容里面。而我已经对着全国的企业呐喊了三年。所以看到《这就是 OKR》时，我真有种惺惺相惜的感觉。

在过去的三年中，我经常遇到学员问相同的问题：听说 OKR 很好用，它与 KPI 有何不同？为什么我看了关于 OKR 的书，还是不会在企业内部实施 OKR？ OKR 的好处在哪里？我知道 OKR 很重要，但是我不会写 O（目标），也不会写 KR（关键结果），怎么办？ OKR 是来自英特尔和谷歌的管理方法，我们国内企业适应吗？文化环境能适应吗？管理能力能跟得上吗？公司实施 OKR 到一半，卡住了，如何办？看书自学 OKR，很多疑惑无法解答。

现在这些问题都可以在本书中找到答案了。感谢中信出版社给我这个机会，为《这就是 OKR》一书编著一本配套的《OKR 使用手册》，帮助成千上万的企业运用 OKR 提升管理能力，实现战略目标，这本书也是过去几年我辅导企业落地实施 OKR 的经验总结。

本书的重要意义在于你阅读完《这就是 OKR》之后，帮助你回到企业成功实施 OKR。它会告诉你 OKR 的重要性，告诉你如何在企业内部一步一步实施落地，如何从企业愿景使命出发，制定年度战略 OKR，如何把年度战略 OKR 层层分解到部门 / 员工，保证一线员工的执行力，从而支撑企业战略目标的实现。

本书包含两个部分。上篇实操教学部分介绍了 OKR 的本质，包括历史发展、基本思想、OKR 与 KPI 的关系、基本原则与公开透明；OKR 的制定，包括制定思路及如何一步步制定 OKR 并检查；OKR 实施方法，包括具体实施过程、持续性绩效管理工具 CFR（Conversation, Feedback, Recognition，即对话、反馈与认可）、OKR 实施案例及 OKR 目标案例。最后分享国内标杆企业重庆联通成功实施 OKR 案例和各类岗位 OKR 制定的一些例子。这本书后半部分配备了 OKR 运用过程中会用到的各种实用工具和表单的记录本，即时记录你自己的 OKR。

约翰·杜尔说，“OKR 是瑞士军刀，适用于任何环境”。

目前我辅导的小型初创企业，员工需要向同一个方向努力，对企业来说，OKR 是一种生存工具，试错工具，可以让他们聚焦精力于最重要的事。尤其是需要风险投资的企业，可以给支持者清晰的判断标准。

同时在很多中等规模、快速扩张的组织中，OKR 更是一种用于执行的共享语言。他们明确了我们的期望：我们需要快速地做什么？谁在努力？他们让员工在目标上保持垂直和水平的一致。

我辅导过的很多大型企业，OKR 是路标。它摧毁了“部门墙”，并在公司和遥远的贡献者之间建立了联系。通过赋予前线人员自主权，让他们能够提出新的解决方案，敏捷地适应不断变化的环境。

我非常期待 OKR 给中国企业带来积极的变化，面对 2019 年及以后多变的环境，我们的企业可以通过 OKR 创建更好的文化，突破战略，实现战略。因为：

OKR 文化是负责任的文化，因为它持续跟踪责任；

OKR 文化是透明的文化，因为它要求公开透明；

OKR 文化是合作的文化，因为它强化团队协作；

OKR 文化是创新的文化，因为它鼓励挑战，设置大胆的目标，进而促进创新。

我希望成为行走的 OKR，为全国的企业赋能。希望此书成为大家成功实施 OKR 的说明书。

上　篇

实操教学

1 OKR 的基本思想

OKR（Objectives and Key Results，目标与关键结果）是关于目标管理的一种最佳实践，是企业实践的管理理念与经验的总结。它是一套开源系统，组织可以在遵循其基本思想和原则的基础上，进行自定义。它源自 1954 年彼得·德鲁克在《管理的实践》中提出的“目标管理和自我控制”，以及 1971 年，安迪·格鲁夫在英特尔公司启动的 iMBO 方法（英特尔公司的目标管理系统）。

提示

1. 组织在使用 OKR 的时候，要掌握和遵从 OKR 的基本思想和基本原则，这是 OKR 方法的本质。没有这些，就不是真正的 OKR。
2. 组织可以根据其业务与管理现状、实施的目的和目标，进行自定义设置。你不是谷歌，所以你不必要照搬谷歌所有的做法。你是独一无二的，你使用的 OKR 应该是：“× 组织的目标管理”或“× 组织的 OKR 方法”。例如：英特尔的目标管理，谷歌的 OKR 方法，ACC 绩效管理体系，ABC 公司指南针工作法。

OKR 的基本思想，是对 OKR 的根本认知和理解，它是正确运用 OKR 方法的基础。

OKR 是结构化的目标设定系统

用 OKR 方法设定的目标，包含两个组成部分：目标（O，Objectives）和关键结果（KR，Key Results）。目标 = O（想要什么？）+ KRs（如何实现？如何衡量是否完成？）。

在《这就是 OKR》一书中，约翰·杜尔介绍了他在人生中做的第一个 OKR：

O：展示 8080 处理器的卓越性能（与摩托罗拉 68000 相比）
KR1：编写 5 个基准程序。
KR2：开发 1 个样本。
KR3：为现场人员编制销售培训材料。
KR4：与 3 位客户联系，证明材料可以使用。

这就是用 OKR 设定的目标的标准结构：O + KRs。

目标和关键结果，不是随意的组合，而是具有严谨逻辑关系的构成。通常我们可以用 a.m.b（as measured by，强调衡量）来表达。这是由英特尔公司的比尔·达维多所贡献的，它曾是“粉碎行动”的责人[①]。

“I will achieve（Objective）, as measured by（Key Results）.”即，我将达到（目标），通过（关键结果）强调衡量。

对于a.m.b，我们可以做以下这两种理解：

一是我希望达到（目标），通过（关键结果1至关键结果5）来实现。

关键结果，是实现目标的关键策略或措施的度量。在约翰·杜尔的第一个OKR中，“编写程序、开发样本、编制材料、客户验证”是完成“展示8080处理器的卓越性能”的关键策略或措施。其中，“5个”“1个”“3位”是关键策略或措施的度量。目标和关键结果之间的关系，就如同愿景和执行、蓝图与计划之间的关系。

二是我希望达到（目标），通过（关键结果1至关键结果5）来衡量。

我们来看《这就是OKR》中介绍的减肥宝（MyFitnessPal）公司的一个OKR：

O：帮助全世界更多的人
KR1：2014年新增2700万用户。
KR2：注册用户达到8000万。

① 想了解或回顾谷歌公司的比尔·达维多和他领导的“粉碎行动”，请参见《这就是OKR》一书的第三章内容。

关键结果，是衡量目标是否实现的关键指标。在减肥宝的 OKR 中，“新增用户”和“注册用户”是衡量是否实现“帮助全世界更多的人”的关键指标。如果能完成新增用户 2700 万和注册用户 8000 万，那么“帮助全世界更多的人”的目标就实现了。目标和关键结果的关系，就如同蓝图与路标之间的关系。[①]

提示

OKR 不能替代你的正确的判断。这种正确的判断依赖于你的思维模式、独特经验、专业能力等，这些东西正是你的与众不同之处。但是，OKR 可以给你一个结构化的思考框架，将你的想法、思考与判断归集到目标和关键结果之中。

OKR 是聚焦思维

聚焦，就是一种选择，一种取舍。商业实践中的蓝海战略、定位理论都体现着聚焦思维。

聚焦的前提和基本假设是：组织的资源是有限的，我们无法实现所有的目标和要求。所以，我们需要做抉择，如何才能实现资源的最大化利用。例如，在创业企业中，业务增长、商业模式、盈利等目标往往会相互冲突。冲突的原因在于：同时面对这几个方面的

① 有关减肥宝的案例参见《这就是 OKR》一书的第八章内容。

目标，你不可能有那么多的人力、资金和时间同步实现。你需要做出选择，否则，你会一直处于纠结之中，不停地摇摆，很容易会给你带来更大的风险。即使是运营成熟的企业，也可能会面临新市场与成熟市场，新业务与成熟业务，股东与客户、员工、公众等相关利益者要求的选择，即使企业拥有的资源已远超初创期。

聚焦的目的在于承诺。承诺，即投入足够的精力，确保目标实现。

OKR 的聚焦，就体现在：

O（什么是最优先的？）+ KRs（对于目标，什么是最关键的？）。

目标，就是在一系列待办事项中，回答什么是最优先的。1980 年，英特尔公司的最优先事项是“粉碎行动”，让 8080 处理器在市场上干掉摩托罗拉的 68000。为了完成“粉碎行动”，英特尔公司将在 6 个月内投入超过 50 人年工作量的努力。虽然，对于英特尔公司还有其他的目标和任务，但这项行动需要投入更多的资源。从安迪·格鲁夫至普通员工，都需要关注这项行动。优先，是组织在进行资源分配、精力分配、注意力分配时的判断依据。

什么是最优先的？这依赖于管理者的经营思维和判断。

关键结果，即对于完成目标，什么策略或措施是最关键的？哪些数据是最关键的？对于“展示 8080 处理器的卓越性能”的目标来说，约翰·杜尔在季度内最关键的是要完成程序、样本、材料和验证等措施。当然，为了完成这一目标，也有一些其他的策略 / 措施，但这些策略 / 措施并不是关键的。同样，对于“帮助全世界更多的人”的目标而言，“新增用户”和“注册用户”是关键指标。

什么是关键结果？是目标责任者基于特定情景下如何完成目标的策略思考，依赖于其专业经验和专业判断。

提示

1. OKR 不是日常工作的反映，它是需要投入更多精力的事项。
2. OKR 不是待办事项清单，它是基于目标严谨思考的选择。

OKR 是组织、团队和个人协同的思维

知名管理学者陈春花教授说，百年管理已从分工走向协同。长期以来，管理强调的是“分工、分权、分利”，这条脉络是围绕“研究如何通过提高管理效率提升组织绩效”而展开的。但是，获取组织绩效的关键是：要把企业看作“一个整体”，上下同欲，共同努力。

“如何确保组织目标落地”，一直是组织最关注的要项。过去落地的手段，主要是层层分解，将组织的目标分解到具体的部门乃至员工。在《这就是 OKR》一书中介绍的“沙滩独角兽”公司的 OKR，就是采用了这种层层分解的形式[①]。我们观察到以下几个方面。

首先，上级的 KR，会成为下级的 O；上级的 KR，在下级都能

① 有关沙滩独角兽公司的 OKR 请参见《这就是 OKR》一书“沙滩独角兽公司：梦幻橄榄球队”一节。

找到对应的责任分解和承担。

这种分解，不同于过去我们常用的数字分解。它不仅关注数字，更关注为完成数字所需要做的贡献。这不仅可以保证落地“显性化”，更重要的是让落地更具“可行性”（这不同于在 KPI 分解中，我们常常将利润率提升的目标分解到财务部，虽然表面上实现了责任的分解，但并不是真正落地）。

其次，在实践中，为了完成各自的目标，组织中各部门通常会产生“筒仓思维”（也就是部门墙或本位主义）。这可能是因为我们忽视了横向的协同。OKR 方法，不仅强调纵向分解，还强调横向协同，要实现“上下左右对齐”。我们在制定目标的时候，无论哪个层级，都应该对准组织最高层的 OKR，这就是“北极星”；同时，为了完成“最高层的 OKR”，部门之间需要协同，以保证组织最高层的 OKR 实现。

最后，我们不仅从上至下，还要从下至上。过去，组织制定目标，更多的是上级的分解，是命令和控制，没有关注责任者自身内心的想法。这与德鲁克提出的“目标管理”理念是背道而驰的。德鲁克的目标管理，强调自我设定目标、自我控制，从而实现自我发展。在当前这个时代，一线员工对业务中的问题、瓶颈更有发言权，一线员工对客户的了解更清晰，因此要充分尊重一线员工。另外，更重要的是，只有责任者自身形成内心的承诺并达成共识，才能真正实现协同，而不是形式上的协同。

综上，OKR 的协同，是从上至下、从下至上、横向之间的 360 度协同。

提示

1. 无论哪个层级设定 OKR 时，都需要对准公司 OKR。要多问问，对于公司 OKR，自己能做那些贡献。
2. OKR 不应该是由上级帮助自己制定的，而是由责任者制定的，尤其是关键结果。
3. 在制定 OKR 时，我们要进行 360 度检查，确保对齐协同。

OKR 是敏捷工作法

敏捷，是当前这个时代所必须面对的主题。从软件的敏捷开发，到组织的敏捷转型，所有人都希望能找到可以快速适应这个变化加速的时代的方法。

那么什么是敏捷？不同的人有不同的理解。从词语本身含义“反应迅速快捷”来解读，敏捷就是能够灵敏地感知环境并可以及时应对。

基于敏捷实践，它包含着一些显著特征：客户导向、数据导向、开放信息、持续跟踪、快速迭代等。

客户导向，就是将客户价值放在首位，它与任务导向、职能导向是不同的。在设定目标过程中，OKR 关注对客户的“价值”与“意义”。关键结果不仅仅是对任务的衡量，更关注任务的效果。这体现了 OKR 的客户导向。

OKR 是依据一定的逻辑来制定的，这些逻辑必须通过数据进行验证。OKR 强调对产出结果进行量化，量化的目的不仅仅是为了评估，还要通过评估复盘验证 OKR 的制定逻辑。因为，形成关键结果的逻辑是“未经验证的”或者“基于过去经验的”，它们需要验证。尤其是在当前 VUCA 时代[①]，“过去有效的经验”并不一定能适应当下的商业环境，它可能并不是有效的逻辑。

OKR 是一个开放的系统，目标和进度信息是透明和共享的。

OKR 系统，是一个持续跟踪的系统，它需要定期进行进度更新。

在这个 VUCA 时代，固定不变的计划是不可能的，静态的、长期的战略规划越来越不适应。OKR 需要在周期内不断迭代，通过数据分析和持续跟踪，定期检讨和刷新目标。

OKR 的这些特征与敏捷的特征是一致的。所以说，OKR 是一种敏捷工作法。

提示

1. 敏捷型组织通常会选用 OKR 进行目标管理。
2. OKR 非常适用组织建立敏捷文化，实现敏捷组织转型，它们具有相同的基因，相互促进，相互加强。

---

① VUCA 时代，V 是 volatility（易变性），U 是 uncertainty（不确定性），C 是 complexity（复杂性），A 是 ambiguity（模糊性）。VUCA 时代指多变、不确定、复杂和模糊的时代。

误区

× 建立 OKR 指标库。因为 OKR 是动态的、敏捷的。

× 每个周期的 OKR 是相同的，一成不变的。因为 OKR 需要不断迭代。

× OKR 相关信息仅有直接上级知道。因为 OKR 信息需要公开透明，实现全员共享。

× 制定了 OKR，但是没有进行跟踪。因为 OKR 需要持续跟踪，OKR 是管理工具，不是考核工具。

OKR 是一种成长型思维

表 1.1 固定型思维与成长型思维的区别

固定型思维	成长型思维
惧怕挑战	喜欢挑战
恐惧变化	拥抱变化
关注限制	寻找可能
害怕失败	从失败中学习

OKR 强调目标要有挑战性。结构化目标设定理论之父埃德温·洛克提出：目标设定越具有挑战性，所产生的结果越佳。挑战性目标对组织有重大的意义，它能促使我们走出舒适区，超越能力边界。因为挑战必然要求改善、创新和突破，只有这样才能让组织持续发展。这与华为的任正非提出的“熵减”不谋而合。该理论认为，对于企业而言，企业发展的自然法则是熵由低到高，逐步走向混乱并失去发展动力。要想实现熵减，必须跳出舒适区，不断挑战、创新，才能持续实现企业活力。

同时，挑战也能满足员工实现“自我超越”的需求，有利于激发员工内部动机。这对于知识型员工来说和新世代员工尤为重要。

谷歌的“10 倍增长”或“指数型增长”，从 Gmail 的 1G 存储到 YouTube 的 10 亿时长，正是谷歌使用 OKR 这种“登月文化”（鼓励挑战的文化）所带来的。

但挑战性目标，意味着有失败的可能。在谷歌的 OKR 管理氛围中，70% 的完成率（也就是 0.7 分）就被认为是成功了。如果所有的目标都是能 100% 完成，那说明目标不富有挑战性。谷歌提出，设定的 OKR，要让人有“不舒服的兴奋感”。

要想让人们敢于挑战，组织必须要建立“容忍失败”的文化氛围，任何创新和突破都必然面临很大风险，都不可能是 100% 成功。如果失败，要接受苛责，甚至惩罚，人们就不愿意甚至不可能提出挑战性目标，除非是上级强压下来的。

但是，并不是所有的 OKR 不完成，组织都可以接受。OKR 可以分为两类：承诺型 OKR 和挑战型 OKR。

表 1.2 承诺型 OKR 与挑战型 OKR 的区别

承诺型 OKR	挑战型 OKR
需要 100% 完成	100% 完成极难实现，可以接受失败
基于上级目标和要求	基于责任者自身梦想
基于当下	基于未来
优先资源投入和保证	资源不一定充足

当然，随着时间的推移，挑战型 OKR 也会变成承诺型 OKR。就如 Gmail，它开始仅仅是一个员工的挑战型 OKR，后来随着 OKR 价值的凸显，公司重视程度随之提升，就变成了公司级承诺型 OKR。

承诺型 OKR 与挑战型 OKR 的区分主要是如何帮助我们对资源进行调配。但是，不能因为是挑战型 OKR，就忽视它。在可能的情况下，组织还要尽最大的力量，帮助员工实现挑战型 OKR。

误区

× OKR 要求 100% 完成。因为挑战型 OKR 蕴含着资源不足、失败的可能。

× OKR 应该是有抱负的，仅达到 70% 就好。承诺型 OKR 要求我们尽力地 100% 完成。

2 OKR 与 KPI 的关系

我们谁都无法忽视 KPI（关键绩效指标）对组织的影响，无论其执行得好坏，无论人们对其喜欢或厌恶。当我们开始接触、理解和使用 OKR 时，往往都是从“OKR 与 KPI 有什么区别”开始的，并始终伴随着对这种对比的思考。

OKR 与 KPI 的区别

表 2.1 OKR 与 KPI 的区别点

区别点	OKR	KPI
实质	管理方法	绩效考核工具
管理思维	自我管理	控制管理
目标形式	目标 + 关键结果（过程 + 结果）	结果
目标来源	聚焦优先和关键	团队或个人“成功”的全面衡量
目标调整	动态调整，不断迭代	相对稳定
制定方法	上下结合，360 度对齐	自上而下

（续表）

区别点	OKR	KPI
目标呈现	公开，包括目标、进度及结果	保密，仅责任者与上级
过程管理	持续跟踪	考核时关注
结果	富有挑战，可以容忍失败	要求 100% 完成，甚至超越目标
应用	评分不直接关联考核与薪酬	直接关联考核与薪酬

OKR 与 KPI 最大和最根本的区别，在于其实质和管理思维是不同的。这种区别进而导致了其他的不同。OKR 是一种管理方法，源于德鲁克的“目标管理和自我控制”。而 KPI 是一种绩效考核工具，源于工业化时代泰勒提出的科学管理原理：要确切地知道你希望人们做什么，并检查其是否以最佳、最经济的方式做到。在工业化时代，经营逻辑相对稳定，管理效率提升可以提升组织绩效。但随着工业化发展，物质繁荣，市场、客户变化加剧，知识和创新在组织中越来越重要，管理工具和方法也需要不断迭代和进化。所以，当前越来越多的人拥抱 OKR，以适应当前时代的要求。

基于上述的区别，就在目标形式、目标来源、制定方法、目标调整、目标呈现、过程管理、结果及应用产生不同。

我们在制定 OKR 的时候，要勇敢地说“不”。OKR 的“关键”与 KPI 的“关键”，其实说的不是一个意思。KPI 是要求我们将重要的指标选择出来。而 OKR 是要求我们将一定时间内最优先的要求明确出来，将完成目标最重要的瓶颈选择出来。你可能要在所有的工作任务或工作要求清单中，对其他的说“不”，选择最关键的1~5项。这种选择，是基于其他情景保持不变的情况下所做的选择。

但是，OKR与KPI并不是截然对立的。

KPI是OKR的来源。KPI能反映一个组织、团队和个人成功的关键指标，所以KPI必然会成为OKR的来源。但KPI不等于OKR，因为OKR更聚焦，只会选择那些需要更加投入、更优先的指标。

OKR会使KPI完成得更好。因为KPI是OKR的基础，而且OKR比KPI更富有挑战，所担负的期望更高，这样必然要求改善、创新和突破，再加上持续跟踪，产生的结果会更好。

3 OKR 基本规则

目标周期

变化，是当前商业环境的主要特征，而且变化越来越快、越来越复杂。组织发现：年度设定目标，越来越不适应当前商业环境。尤其是对于移动互联网企业或创业企业，目标可能会经常发生变化。所以，动态的目标调整既是要求，也符合管理实际。

但是，目标也要保持一定的稳定性。如果目标一直在变，员工就会毫无头绪，从而对目标缺乏信任感和关注度。OKR，是一个团队或员工一定周期内最重要的、最优先的事项，这是经过精心选择、需要投入巨大精力的，这是关于组织未来重要的战略或策略，这些一般都不应该经常发生变化。如果经常变化，那么就说明：我们的思考不严谨，我们可能将“紧急”事务视作“重要”事务。如果 OKR 需要经常变化，那么这些 OKR 可能就并不是那么重要。OKR 应该保持动态的稳定。

一个富有挑战的 OKR 需要花费很多精力。如果太短，可能 OKR 本身就不够挑战。如果太长，你可能就会发现 OKR 不适应环境变化和企业实际。

{ **经验原则：**
一般推荐以季度作为目标管理周期，设定季度 OKR。 }

误解一：企业只有一个 OKR 管理节奏

谷歌起初，只使用季度 OKR。2011 年，拉里·佩奇再次担任谷歌 CEO 后，决定采用年度和季度 OKR。为什么拉里·佩奇会提出年度 OKR？我们仅能依靠推测，原因有可能是使用短期季度的 OKR，会让团队忽视大局，或者团队制定 OKR 时发生困难（因为团队和个人制定 OKR 都需要瞄准组织最高层 OKR）。

所以，我们建议将 OKR 分为两类：年度战略 OKR 和季度战术 OKR。

年度战略 OKR 是一种长期的 OKR，是年度战略 / 经营规划的反映。我们可以将年度战略OKR，当作公司年度战略的精简版。一般，年度战略 OKR 仅适合公司或部门使用，不适合员工个人。但是，年度战略 OKR 不是一成不变的，需要在年度中定期进行审查和检讨。

季度战术 OKR 是一种短期的 OKR，是季度经营重点 / 工作重点的反映，一般适合团队或员工个人。但公司规模小，所处的行业或商业环境变化节奏快，或者处于初创期，也可以设定季度 OKR。季度战术 OKR 需要持续跟进和定期复盘刷新，用于重点工作管理。

年度战略 OKR 是季度战术 OKR 制定的指导和来源，季度战术 OKR 需要对照年度战略 OKR 进行分解落地。季度战术 OKR 的结果，可以帮助我们对年度战略 OKR 进行审查、检讨和调整。

我们的建议：在刚开始实施 OKR 的时候，公司 / 业务单元级别，设定年度战略 OKR。部门和个人，设定季度战术 OKR。

误解二：只能设定季度 OKR

季度 OKR 是一般企业的通用选择，但并不是普遍规则。

组织可以根据自身的行业特点、业务节奏、管理文化、财务年度等因素，自定义目标管理周期。可以是月、双月或者几周，但是最好不要超过 1 个季度。在《这就是 OKR》中，约翰·杜尔指出，工程团队可能倾向于 6 个星期为一个 OKR 管理周期。另外，在 OKR 实践中，Spotify 公司（一家流媒体音乐平台）采用 6 周设定一次 OKR。

但是，在开始使用 OKR 的时候，你应该在整个组织中统一目标设定周期，这样会减少复杂性，便于统一执行。当然，当你越来越熟练后，你可以为引导团队设定适合它自己业务周期和管理节奏的目标周期，例如销售部门可以按月度，开发部门可以按季度。

组织可以根据自己的需要定制节奏。例如，Spotify 公司使用 6 个月的战略周期，而其团队每 6 周设置一次 OKR。这是一个有趣的故事，因为他们在使用 OKR 后，尝试创建并找到了适合自己的方法。

另外，企业根据实际日历管理自定义季度。有的公司财务年度按照 4 月至次年 3 月，那么 Q1 可能是 4 月至 6 月。有的施工企业从 2 月至次年 1 月，那么 Q1 可能是 2 月至 4 月。

数量限制

OKR应该有数量限制，遵循“少即是多”原则。安迪·格鲁夫说：“这些精心选定的目标传递出一个明确的信息，它们告诉我们需要做什么和不做什么。”更少，意味着更聚焦，可以让人们知道什么是最重要的；相反，如果过多，“所有都关注”就可能意味着“什么都不关注”。而且，更重要的是，少量精心选择的目标，可以让人们记忆得更深刻。这样，目标就能始终在工作中不断提醒自己。

除了聚焦之外，还在于承诺和责任。OKR要求富于挑战，如果每个周期设定过多的富有雄心的目标，会给OKR责任者带来非常大的压力，会使其疲惫不堪，这样不利于OKR的推进和执行，OKR就非常可能无法完成。承诺和责任就会流于形式。

经验原则：

一般OKR不超过5个，每个O对应的KR应该是2~5个。

提示

1. OKR数量需要考虑努力（目标难度和需要花费的精力）与可分配的时间资源的匹配程度。对于日常事务比较多的员工，可以只设定少量的工作改善或创新的OKR。或者，对于一个偏项目型工作的员工，如果设定的OKR很难，很有价值，需要很大的创新和突破，需要集中精力，也可以只设定少量的

OKR。OKR 没有最低数量的限制，但公司可以规定具体数量要求。

2. 在开始使用 OKR 的时候，不要让员工设定很多的 OKR。相反，我们一定要限制 OKR 的数量，尽量不要超过 5 个。
3. 关键结果至少有 2 个。如果只有 1 个关键结果，那其实就会变成 KPI。我们需要将目标转化为“如何完成”，规划出来行动策略。如果只能设定一个关键结果，要么可能对目标思考得不深入，要么可能不需要付出很多努力就可以完成（那么就不是 OKR）。这时候，你要么继续思考，要么取消或合并到其他 OKR 之中。

富有野心

在《谷歌是如何运营的》一书中，拉里·佩奇介绍了谷歌的“痴心妄想”价值。他认为，随着组织发展，想时刻点燃团队的熊熊野心是极其困难的。大多数人并没有接触过这种如异想天开的思维方式，他们习惯用“不可能”来否定自己的想法。

这种异想天开的思维方式，就是《这就是 OKR》一书中提出的“登月计划”。美国前总统约翰·肯尼迪在 1962 年发表了《我们决定登月》的演讲，旨在支持美国的“阿波罗登月计划”。

“但有人问，为什么选择登月？……我们决定登月。我们决定在这十年间登上月球并实现更多梦想，并非它们轻而易举，而正是因为它们困难重重。因为这个目标将促进我们实现最佳的组织并测试我们顶尖的技术和力量，因为这个挑战我们乐于接受，因为这个挑战我们不愿推迟，因为这个挑战我们志在必得，其他的挑战也是如此。”

OKR 要求我们制定目标应该具有挑战、富有野心。挑战性目标具有以下特征：

1. 让人不舒服。因为目标很有难度，或者暴露出潜在不足，或者让我们面临我们不愿意提出的问题。

2. 以前做不到。这个目标不是过去的日常工作，即使是日常工作也被赋予了一定的增量要求。它要求人们做出改变。

3. 可以完成。这个目标虽然很有困难，但是有完成的可能。完成这个目标后，会让人内心充满成就感、价值感。

挑战性目标，就如同跑步的“极点现象”。当你坚持下去后，你就会获得“第二次呼吸”，随后运动就会变得轻松、协调，运动能力就会得到提升。

那么如何实现挑战目标？

第一种，更努力地工作，比如增加工作时间。另一种，更聪明的工作，改变我们的思考方式和工作方法。OKR 目标富有野心，其目的不在于要求大家更多地加班，而是要求大家改变思维模式，不断地改善、创新、突破。只有这样，才能推动员工走出“舒适区”，推动团队、组织有更多的创新，踏入新的境地。

那么如何判断目标是否有挑战？

我们常用信心指数来衡量。通常我们认为 70% 的信心指数对责任人是有挑战的。挑战不是目标的高低，不同的员工对同一目标完成程度是有差异的，我们通过 OKR 让所有人推入一个更高的程度，而不是让人保持一致。

提示

1. 确定信心指数时，OKR 负责人需要回答：考虑当前实际（资源、能力、方法等相关信息），我们对达成OKR有多大信心？
2. 通常我们使用百分比来定义信心指数：

必须采取突破方式才有可能实现	有风险，但我想有很大可能实现	一定可以实现
0	50%	100%

信心指数是一种自我状态的评估，并不需要严格定义，它主要帮我们去快速评估状态。

信心指数也可以使用表情符号（快乐、关心、悲伤）来表达。但是，要注意，低信心指数并不意味着我们要放弃这个OKR，而是提示我们要关注 OKR 责任人，给予其支持。

权重

权重，是指一个指标相对于另一个指标的重要程度。权重一般应用于评价之中，通过权重进行加权平均，以体现评价更客观、科学。一般我们有多个目标 / 指标的时候，通常会考虑对目标 / 指标进行权重设计。

OKR 是一种管理方法，它不是一种考核工具，所以不需要一定设定权重。对于 OKR 的责任者来说，每个 O 和每个 KR，对其都是重要的，都是进行精心策划和选择的。对于 O 来说，所有的 KR 都很关键，如果一个 KR 不能完成，O 就不可能完成。

但是，OKR 可以设定优先级。优先级的目的在于帮助我们进行资源与精力的调配和关注度的调整。

经验原则：
OKR 不是非要设定权重。

提示

OKR 优先级处理方式有两种。

第一种，对 OKR 进行优先级标注。

表 3.1 优先级定义表（例）

优先级	定义
P0：必须完成	承诺型 OKR，是组织目标要求或团队协作要求
P1：应该完成	承诺型 OKR，但目标富有挑战、超越组织目标要求
P2：期待完成	挑战型 OKR，来自责任者的期望

按照上述优先级定义，OKR 可以做以下标注：

O1：招聘优秀人才，满足部门人员需求（P0：必须完成）
KR1：为尽快满足人员需求，调整人员招聘政策。
KR2：通过新增两个招聘渠道，实现每个岗位合格简历量增加 20 份。
KR3：招聘到岗 5 名项目经理。

O2：落地企业文化，提高组织凝聚力（P2：期望完成）
KR1：通过研究与管理层讨论，提炼并确定公司使命、愿景与价值观。
KR2：梳理总结价值观要点和典型案例，并在全公司范围内宣传。
KR3：设计价值观考核并实施。

第二种，通过 OKR 自然排序来体现优先级。

排在前面的 O 和 KR 的优先级比后面的高。但 KR 如果按时间完成顺序排列时，那就不体现 KR 的优先级高低。

制定方式

制定 OKR 有两种方法（这里主要指的是 OKR 中的目标 O，KR 要求由责任者自己制定）：自上而下和自下而上。

自上而下是指主管直接将目标分配给员工。这种方法，可以快速地规划，更好地进行对齐协同。

自下而上是指员工自己制定目标。这种方法，可以鼓励员工参与，激发员工的承诺。但这需要员工对公司使命、愿景和个人角色价值有清晰的认识。

这两种方法应该并行使用，充分发挥两者优势。但无论自上而下还是自下而上，都需要责任者与上级进行充分沟通，达成共识，获得上级和责任者的“同意”。

从公司级的 OKR 中，团队可以得到一个明确的方向，并可以了解他们如何为实现这些 OKR 做出贡献。然后，每个团队定义一组 OKR，这些 OKR 要对公司级 OKR 有贡献，并与之大致一致。但团队的 OKR 不必与公司的 OKR100% 一致，因为他们也可以超越公司级 OKR 要求，同时它也包含自己提出的 OKR。

在创建团队 OKR 时，每个团队必须回答两个问题：我们如何为公司级 OKR 做出贡献？我们可以影响公司级 OKR 中的哪些关键结果？团队 OKR 可以是公司级 OKR 直接分解至团队：公司级 OKR 直接由某一个部门承担；公司级 OKR 的 KR 直接由某一个团队承担；公司级 OKR 或 OKR 的 KR 由几个团队共同承担，那可以按数字分解（例如，公司级 OKR 中要求的销售收入是 1 亿，× 团队的 OKR 关于销售收入可能是 5000 万）或责任贡献分解（例如，团队级 OKR 的 O 为“提升客户反馈效率”，因为这个 O 可以支撑提升公司级 OKR 要求的“客户满意度”。

公司级 OKR 也可以不用确定某个团队具有责任，但团队可以根据对公司 OKR 和团队能力 / 角色的理解，提出间接的贡献支撑。

除了有对公司级 OKR 的贡献外，团队还有自己提出的 OKR，这些 OKR 可能并不直接支撑公司级 OKR，但会对组织经营目标、组织未来发展或客户成功有很大贡献和价值。例如，团队关于管理提升的 OKR，或者个人学习成长的 OKR，这些有利于组织能力的提升，会为组织长期发展产生贡献。

经验法则：

OKR 的制定，自上而下与自下而上的比例一般为 60% ： 40%。

提示

1. OKR 一定要有自下而上的推动，要鼓励员工参与。因为，员工更了解前线的信息。同时，大多创新的想法往往来自一线。
2. 刚开始使用 OKR 时，可以建立一个统一的规定。比如：团队负责人要提出一个关于管理的 OKR；个人要提出一个关于学习与成长的 OKR；必须有一个 OKR 是自己提出的，或者必须有一个创新 / 改善的 OKR。

持续跟踪

不要让你的 OKR 变成新年的计划或梦想。您必须要定期更新 OKR 的进度信息，持续跟踪，让 OKR 成为日常工作中的一部分，融入实际工作中去。

只有持续跟踪，OKR 才有价值，OKR 才能成为工作指南，也才能保证 OKR 实现。如果没有持续跟踪，OKR 就会变成 KPI，就会像通常一样，只有到需要评分或领导需要时，才进行跟踪回顾。

经验法则：

最少每周进行一次 OKR 进度信息的更新。

一般一个季度大约有 13 周，按时间分解，每周大概需要完成接近 10% 的目标。我们通过 OKR 进度信息的更新，通过完成量的对比，了解完成目标的障碍或挑战，找到更好的推进目标的措施和方法。

尤其需要注意一点，OKR 进度信息的更新，不是为了追究员工的责任，给予员工奖惩。我们应该聚焦于目标，了解是否有完成目标的信心和可能，如何可以更好地达成预期目标。

提示

1. OKR 进度信息更新，需要建立相应的形式、制度、机制，可以让员工能够容易执行。
2. 在刚开始使用 OKR 的时候，需要安排专人进行跟踪督促执行。这一点即使在谷歌也不例外。这一点在《这就是 OKR》中也介绍了。督促的目的在于，让组织或团队，将持续跟踪形成一种工作习惯和管理文化。

3. 持续跟踪要敏捷，不能再进行更多的资料报告、会议沟通，花费员工更多的时间和精力，那样会给员工带来更大压力进而使其产生抵触情绪。即使在开始会经历一些更多的时间花费，也要告知员工未来会改变，会对已有的报告、会议进行梳理整合，进行一定的取消、合并。

评分

考虑到现在大多数人都很忙，很容易分心，忙于那些不会对你最重要的结果产生影响的项目，关注“紧急”而忽视“重要”。这就是为什么你要养成一种习惯，在整个季度不断回顾你的 OKR，根据完成情况，对 OKR 执行情况进行评分。把 OKR 评分当作让你集中注意力的试金石。

OKR 评分，是自我控制的一个过程，其目的是衡量关键结果或目标完成程度。它是衡量进展的指标，而不是奖惩的依据。所以，我们要保持评分相对简单。

如何对 OKR 进行评分，谷歌采用的是用 0 ~ 1.0 评分区间进行评分。

经验法则：
评分要简单，建议按 0 ~ 1.0 区间进行评分。

关于 OKR 评分我们推荐按满足期望程度进行定性评分的方法。

评分规则如下：一是先进行 KR 评分，然后将所有 KR 的平均分作为 OKR 的评分；KR 评分规则如表 3.2 所示。

表 3.2　KR 评分规则

评分	定义
1.0	达到挑战性目标；完成
0.7	没有达到挑战性目标，但达到期望的目标；
0.3	没有达到期望的目标
0	不可接受的结果；未完成

我们应用这个评分规则对 OKR 进行评分示例如下。

目标：招聘优秀人才，满足部门人员需求

（1.0 + 0.7 + 0.3）/3=0.6

关键结果	完成情况	评分
关键结果 1：为了尽快满足人员需求，调整人员招聘政策	在规定时间前，完成了招聘政策的升级调整	1.0
关键结果 2：通过新增两个招聘渠道，实现每个岗位合格简历量增加 20 份	新增了两个招聘渠道，期望每个至少能新增 10 份合格简历，实际新增 15 份合格简历	0.7
关键结果 3：招聘到岗 5 名项目经理	期望至少招聘到岗 3 名项目经理，实际到岗 2 名项目经理	0.3

这种评分方法可以有两种好处：一是不需要进行详细计算；二是可以根据评分直接对目标完成程度进行判断。例如，我们看到0.7，我们就知道达到了期望的结果，但未完成目标。

还有另一种关于 OKR 评分的方法，即通过计算（完成比例）进行评分。

评分规则如下：先进行 KR 评分，然后将所有 KR 的平均分作为 OKR 的评分。

KR 评分规则如下：数量型 KR（有量化结果的 KR），按完成比例评分，即已完成结果 / 目标要求结果；里程碑型 KR（截至日期前完成任务），完成评为 1，未完成评为 0；评分区间为 0 ~ 1.0，即使超出目标，也评为 1.0。

我们使用《这就是 OKR》中的一个案例来说明。

目标：将 8086 打造成性能最好的 16 位微处理器芯片

（0.6 + 1.0 + 0 + 0.9）/4=0.6

关键结果	完成情况	评分
关键结果 1：开发并发布 5 个关键标准，显示 8086 微处理器优异性能	完成 3 个关键标准开发发布。（3/5=0.6）	0.6
关键结果 2：重新包装整个 8086 系列产品	完成。（1.0）	1.0
关键结果 3：将 8MHz 的部件投入生产	未完成，计划推到 10 月。（0）	0
关键结果 4：在 6 月 15 日之前抽样调查数学协处理器	计划 500 个，实际完成 470 个。（470/500=0.94）	0.9

这种评分方法的好处在于，我们根据评分结果很容易判断完成进度。例如，0.9 分就代表完成了目标的 90%。

提示

1. 要保持 OKR 评分简单，不要花太多时间。如果责任人对 OKR 评分超过 3 分钟，那么可能就不适当。可能大家错误地理解了评分的意义，或者可能是我们在设定 OKR 的时候没有清晰地度量，对“结果认知”是模糊的。
2. OKR 评分不需要按照绩效考核分为自评和考评。OKR 评分应该是由 OKR 责任者自己评定，如果发生大家对评分有争议的情况，还是在于我们对 KR 的度量设置不清晰。
3. 我们要忘记“分数”。我们更应该注意的是分数反映的问题。
4. 我们也可以用进度条、百分比，或者用图案 / 标识 / 颜色，来描述 KR 完成状况。

OKR 与考核和薪酬解耦

安迪·格鲁夫指出，OKR 不是作为业绩评估依据的法律文件，而应该只是用来确定个人表现好坏的一种输入。

OKR 要鼓励员工设定富有挑战性的目标。通过设立挑战性目标，来促进员工不断创新改善，从而实现更好的绩效。在设定目标的时候，一般遵循目标设定让人有“不舒服的兴奋”感觉，通常仅有 70% 信心可达成。员工的挑战和创新，源自对个人价值感的追逐，是内部动机的使然。但如果我们将 OKR 与考核挂钩起来，为了应对外部的压力，员工必然会对目标的挑战度进行妥协，往往会设定一个十拿九稳的目标。因为，这种挑战仅有 70% 的成功把握，有些创新很可能会遭受失败，尤其是 0 到 1 的突破。这种外部的压力必然会削弱员工的内部动机。

如果你想创造一种文化，在这种文化中，设定有挑战的目标是常态，你就应该考虑放弃奖金和晋升都基于目标直接关联的模式。

经验法则：

不能将分数直接关联绩效薪酬，这样会“毁掉 OKR”。

但是，绩效考核、奖金薪酬是一个组织最重要的人力资源工具，识别员工、激励优秀员工是组织非常关注的事务。其实，OKR 从实质上可以帮助我们更好地识别员工，更好地进行绩效考核。因为，当我们进行年度考核的时候，我们跟踪和记录了员工四个季度的 OKR 完成情况，而且显示出了员工的任务和产出。假设一个员工每个季度设置两个 OKR，一个 O 对应 4 个 KR，那么一个年度下来，就会记录员工一个年度最重要的 32 项主要工作成果。OKR 能让员工的重要工作都能留档追踪，这样我们的评价就会有更加详实的数据做判断。同时，当所有人都能看到彼此的 OKR 及完成状况时，彼此之间都会有一个判断。而不是现在出现的“大家觉得自己的工作很辛苦，而别人的工作很简单”这种判断。此外，OKR 要求持续不断地沟通反馈，在沟通反馈的过程中，员工就会不断地了解管理者对自己的期望和评价。OKR 可以促进考核更加公平、客观。

OKR 与考核的关联，是一种松散的耦合，一种非线性的关联。它是将 OKR 目标完成情况和评分作为一种评价的输入，需要进行一定的加工，才能产生评价结果。

提示

1. 不要直接将 OKR 评分作为绩效考核的评分。
2. 使用 OKR 后，如果需要进行考核、绩效奖金设计，需要做精心考虑。

4 公开透明

公开透明的价值

OKR 与 KPI、BSC（平衡计分卡）都是确定目标的一种方法和工具，为什么要选择 OKR 呢？ OKR 有什么优势呢？这是许多管理者在刚开始接触 OKR 时所产生的疑惑。

OKR 除了是结构化的、用结果衡量过程的目标设定方法，更重要的是，它要求在 OKR 管理中坚持公开透明。公开透明是 OKR 方法的核心特征。如果不能实现公开透明，那么你所用 / 所理解的 OKR 就不是真正的 OKR。公开透明，是推动 OKR 的价值和收益实现的关键一环。

激发责任承诺

目标的承担者，将目标在组织内公开透明，这首先就赋予了责任者第一重承诺要求。在 OKR 执行过程中，承担者需定期更新 OKR 进度，这就赋予了责任者第二重承诺要求。更重要的是，承担者需对 OKR 进行评分并公开，这赋予了责任者第三重承诺压力。

过去，员工的目标，往往来源于职责要求或者上级的指令，这些目标往往不是由承担者清晰地书写出来的。但书写下来的目标，会比以前多了一些承诺压力。另外，过去员工的目标与完成情况，往往是在员工与直接上级之间进行信息共享，对于公司里的其他同事，往往是“秘密”的。但是，OKR 方法要求将这一切“晒”出来，让众人进行监督。就如现在朋友圈流行的“打卡”，应用“每个人都想成为别人眼中最好的那个人”的心理，从内心驱动员工，激发员工责任承诺。这种责任承诺能更好地推动执行。

促进协作

协作问题一向是组织中的难题，我们常用的解决方法是“培训提升管理者和员工的协作意识”。但是，这种培训效果并不是很好。在组织中依然存在一些现象：两个部门同时投入资源做一件事，或者本着“支持协作”的态度却得到了负面的反馈，这些在越大的组织里呈现得越明显。这些显然单靠提升协作意识是没办法解决的。

OKR 的公开透明，使别人正在投入精力去实现的重要目标可视化。这样，假设个人正思考“同样的目标”，就可以先停下来，与他人配合，或者借鉴别人的经验和成果，这就会减少公司资源的投入。当你与其他部门有相互依赖关系时，就会通过透明的信息，了解对方的目标、目的与进度，进而调整自己的工作安排。比如，我们的培训部门，看到别的部门的目标，就能更好地提供更加有针对性的培训支持，提升培训的效果。

提升敬业度

高敬业度，会给组织带来更大的效益。但如何提升组织内人员的敬业度呢？

公开透明的目标呈现，可以让员工能看到团队、组织的目标，从而促使其将自己的目标与组织目标进行关联，使其感受到自身工作的意义和价值。意义和价值赋予了员工更强的动机，投入程度会提升。

过去，员工的贡献，主要依赖于直接上级的评价。OKR 方法，让员工的目标与完成结果显现在所有人面前，一个人的同事、其他领导，甚至公司的 CEO，都可以看到。员工的付出和贡献能得到更客观的认知、辨识，从而可以提升其内心的公平感。

当员工看到别人富有挑战性的目标、令人惊讶的结果，甚至看到组织中优秀员工过去的工作成果时，会激励他制定更富挑战性的目标，激励他更加投入。

荣誉感、公平感和相互激励，足以促进员工敬业度的提升。

形成敏捷基础

敏捷组织，是未来组织发展的方向，是应对当前 VUCA 时代的有效方式。而敏捷的基础，一定需要公开透明，实现信息共享。回顾过去的瀑布式开发，开发的源头在于项目前的信息基础；而敏捷开发需要不断更新信息，并能在组织间形成信息共享，才能迅捷地应对变化。信息透明，是敏捷组织的关键特征之一。

信息透明则是为了员工能在新的、多变的组织形式下找到方向，不至于迷失目标。在敏捷组织中，尽力让所有能公开的信息尽量公开，让每一个员工清楚了解组织当前的优先任务是什么，我们要如何完成这些任务，我个人的工作和整个组织的前进方向有什么关联，这非常重要。

公开透明的操作原则

公开透明原则，是指 OKR 目标、进度信息及评分要公开，所有人都能看到。即组织所有的 OKR 信息是公开、可视的。个别需要保密的信息除外。公开透明可以遵循以下原则：

1. 组织的高管能看到所有人的 OKR 信息。

2. 上级（直接上级和直线间接上级）可以看到所有下级的 OKR 信息。

3. 下级可以看到上级（直接上级和直线间接上级，甚至 CEO）的 OKR 信息。

4. 团队成员可以看到彼此的 OKR 信息。

5. 工作有关联的人员可以共享 OKR 信息。

6. 当一些数据或关键项目需要保密时，可以使用代号替代。例如，达到 × 万元，或完成 × 项目。

7. 一些敏感信息，例如部门重组、人事晋升、特殊人员招聘等，可以选择保密。

8. 除了遵守上述原则，还可以授权 OKR 责任者进行其他开放范围的设置。

公开透明的形式

公开透明，可以采取以下三种形式的其中一种：

一是通过内部共享文件方式进行公开；二是在办公区域内进行

公开；三是应用信息系统进行公开。

用系统来管理 OKR 时，我们主要考虑是否包含以下关键功能：

1. OKR 的制定 / 更新。

2. OKR 目标的对齐关系显示，依赖关系标注。

3. OKR 进度更新。

4. 预警系统。

5. 公开范围设置。

6. 更新信息记录。

7. 信息通知。

8. 与组织架构、岗位及邮件系统连接。

9. 社交化元素：认可、评论。

10. 与其他管理元素、管理环境关联。

提示

当我们刚开始使用 OKR 时，并不一定要马上购买 / 开发管理系统。掌握和运用是首要任务。当我们使用 OKR 3 个月或 6 个月后，我们可以再考虑应用信息系统进行 OKR 管理。

在进行购买 / 开发管理系统时，需特别关注三点：一是要与 OKR 管理实际符合，形式要符合内容；二是考虑员工工作习惯，便于员工使用；三是敏捷，使用系统后取消相关资料报告工作，提升工作效率。

5 OKR 制定思路

OKR 是一个经过严谨思考后结构化的结果，可以按以下路径进行思考（如图 5.1 所示）。

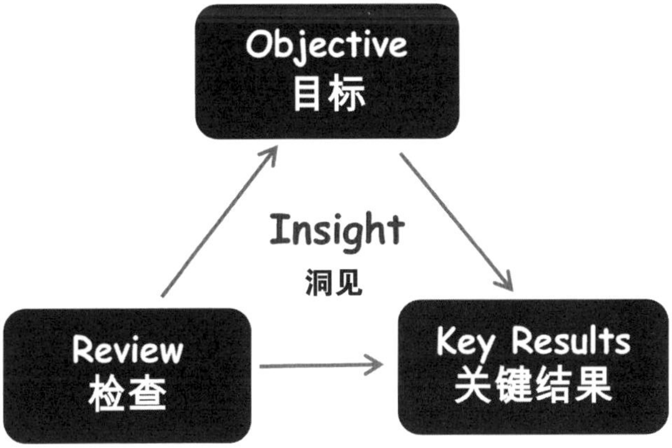

图 5.1　OKR 制定思考路径

Insight：以洞察为基础

OKR 的制定，应该基于洞见，它是 OKR 责任者的洞察呈现，反映 OKR 责任者对业务的思考，体现 OKR 责任者的思维模式、专业经验、观察分析能力、创新意识等。OKR 的质量，可以反映制定者的思考与洞察的质量。

Objective：选择优先事项，确定目标

通过洞察，思考一个周期内的重要事项，通过取舍和权衡，选择优先事项。然后，按照目标撰写要求书写。

Key Results：对照目标，确定关键结果

根据确定好的目标，思考关键结果。然后，按照关键结果撰写要求书写。

Review：检查 OKR

根据 OKR 基本思想、资源状况等要素，检查 OKR，并更新。

表 5.1 OKR 制定表格

序号	目标（O）	关联	信心指数	关键结果（KRs）	完成日期
1				KR1：	
				KR2：	
				KR3：	
				KR4：	
2				KR1：	
				KR2：	
				KR3：	
				KR4：	
3				KR1：	
				KR2：	
				KR3：	
				KR4：	
4				KR1：	
				KR2：	
				KR3：	
				KR4：	
5				KR1：	
				KR2：	
				KR3：	
				KR4：	

注："关联"指描述目标的商业价值，以及与上级目标的支撑关系、如何对组织做贡献。例如：承接上级 O2、支持公司级 O1 的 KR1、支持公司能力成长等。

6 确定目标

公司的目标，按照期限可以分为使命、愿景与公司目标，其关系如图 6.1 所示。

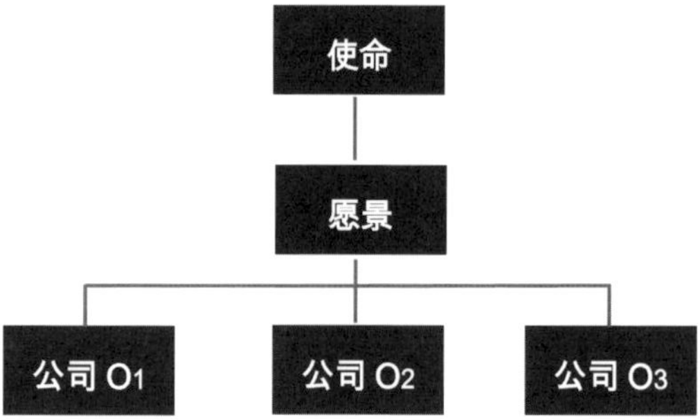

图 6.1　公司目标层次

使命指公司长期的目标，一般不轻易改变。使命可能 50 年、100 年都不会改变，可能永远不会过时。例如，迪士尼公司的使命为“使人们过得快活”。

愿景指公司中期的目标。愿景一般为 5 年、10 年或 20 年的目标，随着一个愿景实现公司会重新制定新愿景。

公司目标指公司的短期目标。一般为 1 年，公司的目标要能支持公司使命和愿景，能推动公司愿景和使命的实现。

使命

使命定义了组织的存在价值和意义，解释了组织为什么而存在。例如谷歌公司的使命是，整合全球信息，使人人皆可访问并从中收益。作为商业组织，其本质是追逐利润，但组织要想长期生存，持续经营，必须要有使命。使命在组织中起到指南针的作用，它在组织面临生死攸关、重大抉择、利益冲突时，帮助组织进行取舍与权衡。面临重大抉择的时候，它为组织赋予了判断基准：是否符合组织使命。

有些企业在创立的时候，就已经想清楚了自己的使命。但大多数企业是在发展过程中逐步清晰自己的使命的。这里，我们提供一个简单的可以用来提炼和总结公司使命的模板。

表 6.1 使命陈述模板

1. 服务对象（你的主要用户或客户是谁？） ______________________________
2. 存在目的（你的主要产品或服务是什么？） ______________________________
3. 意义（为服务对象解决什么问题或提供什么收益？） ______________________________

愿景

愿景是描述企业希望成为什么，对未来的具体描绘，是未来的发展蓝图。例如亚马逊公司的愿景是，成为世界上最以客户为中心的公司。

一个好的愿景应该具有以下三个特点：一是与使命保持一致；二是清晰，可验证；三是能鼓舞人心。

愿景应该能清晰地回答未来，企业希望成为一个什么样的企业，能达到什么位置。

例如，我们工作室服务过的伊利集团，它的愿景是：成为全球最值得信赖的健康食品提供者。它能迅速地在我们脑海中形成一幅生动、清晰的景象。

表 6.2　愿景陈述模板

1. 业务范围：________________
2. 公司定位：________________
3. 行业地位：________________
我们将成为________________

公司目标

可以参照 BSC 的四个视角去思考公司目标：财务视角，客户视角，内部流程视角，学习与成长视角。

各个视角可能的目标如图 6.2 所示。

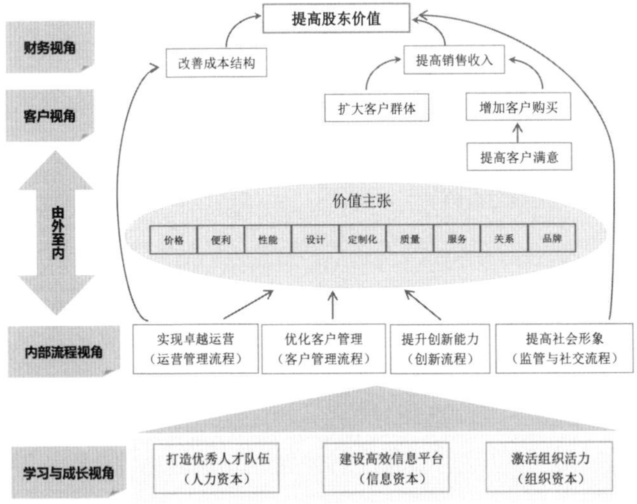

图 6.2 平衡计分卡四个视角的目标

一般来说，通过平衡计分卡的四个视角分析出的目标可能数量很多，但 OKR 要求目标聚焦，这就涉及目标取舍关系。如何取舍，取决于管理者的洞见。

在取舍的时候，一般推荐三条原则：一是一般要有财务视角的目标，比如收入或利润；二是优先选择基于“价值主张”的目标，它体现了公司的“核心能力打造”；三是相似的目标或具有直接逻辑支撑关系的目标可以合并。

但最重要的权衡原则是：找到这个周期内，最具价值、最需投入精力的目标。

表 6.3　公司目标分类

目标视角	公司目标
财务视角	
客户视角	
内部流程视角	
学习与成长视角	

部门 / 员工目标

部门 / 员工的目标，来自三个方面：上级目标的分解、部门 / 员工之间协作要求和部门 / 员工提出的目标。

1. 上级目标的分解

上级目标的分解遵循以下三点原则：一是上级的 OKR 直接由下级全部承接负责；二是上级 OKR 的 KR 成为下级的 O；三是下级的 O 对上级的 KR 有支撑作用（只有部分影响）。

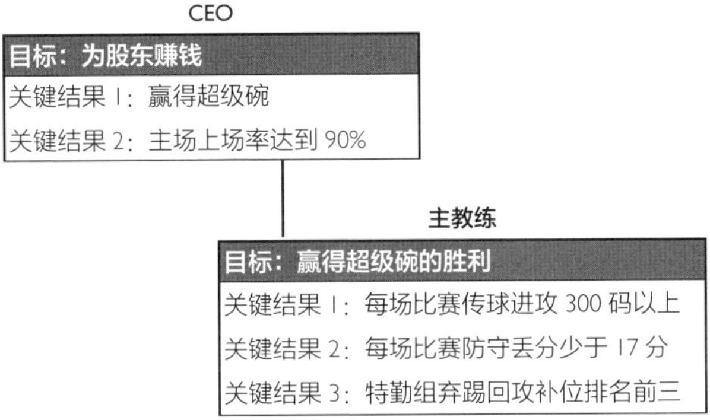

图 6.3　上级的 KR 直接成为下级的 O（案例来自《这就是 OKR》）

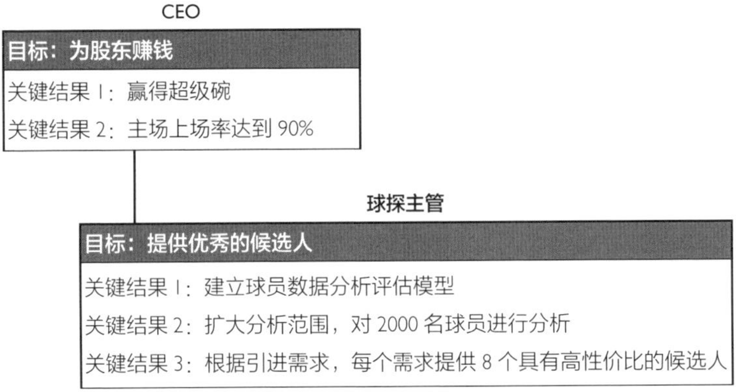

图 6.4　下级 O 对上级 KR 有支撑作用

这个案例是对球队球探主管 OKR 的可能设定。它的目标“提供优秀的候选人”是支撑“赢得超级碗”的，但对其影响作用有限。

2. 协作要求

一些目标，并不能由 OKR 责任者独立完成，需要很多部门或员工进行跨职能合作。OKR 制定者可以提出协作要求，列出 OKR 协作表。

表 6.4　OKR 协作表

序号	关联目标（O）	协作要求	协作部门	期望完成时间

这种协作要求，需要符合以下两点：一是为完成 OKR 所产生的协作；二是协作必须对 OKR 完成是重点、关键的。

除了上述目标，OKR 制定者还可提出以下几个方面的目标：一是责任范围内改善、创新、突破项目（可以支撑组织目标、发展）方面；二是管理改善方面；三是学习与成长方面。

提示

1. 协作要求仅是对 OKR 完成重点和关键的协作。并非所有的协作要求都在 OKR 协作表中体现，一些协作要求不需要通过 OKR 管理。OKR 不能取代日常管理。

2. 对资源的要求，需要谨慎，需要有预算审批。
3. 须由部门 / 员工提出目标。

基于 KPI 的目标思考

如果企业已建立了 KPI 管理体系，引入 OKR 时，可以考虑将 OKR 目标设定为：KPI 目标中最关键、最重要的（权重比较大的）；KPI 目标中，完成难度比较大的。

基于角色使命的目标思考

每个部门或岗位，都是围绕组织如何创造价值而产生的，都具有独特的角色和使命。在工作中，我们往往纠结于工作职责和具体任务，而忽视了角色的独特使命和价值。大家要始终提醒自己：任务是为了更好地完成使命和价值而产生的。

我们需要经常反省、澄清自己的角色使命。

表 6.5 我的角色使命思考模板

序号	内部客户 / 外部客户	主要服务	给客户带来的价值
1			
2			
3			
4			

关于角色使命的思考有两点需要注意：一是给客户带来的价值，需要与客户沟通确认，要从客户的角度来思考；二是角色使命是动态变化的，需要定期审核。

在角色使命清晰的基础上，我们可以从客户要求、上级要求、运营短板、专业发展四个角度去考虑设定目标。

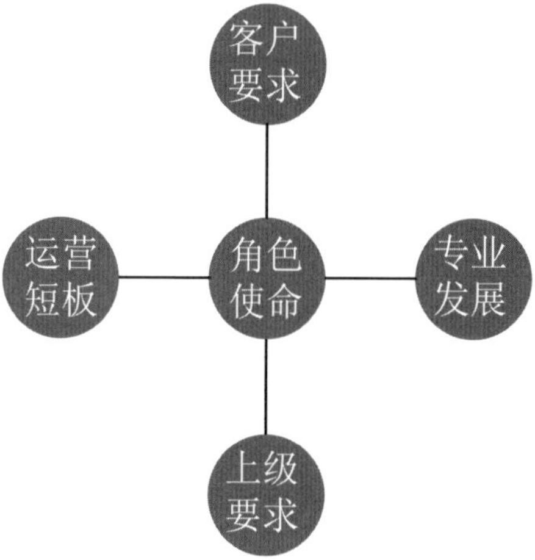

图 6.5 目标思考框架

表 6.6 基于角色使命的目标清单

维度	目标
客户要求	
上级要求	
运营短板	
专业发展	

表 6.7 基于角色使命的目标思考清单

序号	问题		回答
1	客户要求	客户对我们最大 / 最紧迫的要求是什么?	
2		客户对我们有什么期待?	
3		做什么，可以为客户带来更大价值?	
4	上级要求	上级对我们有什么要求?	
5		上级对我们最关注的点是什么?	
6		我们还可以做什么，能给组织做更大贡献?	
7	运营短板	当前，运营中有哪些不能达到基本要求?	
8		当前，运营中有哪些处于风险之中?	
9		当前，运营中可以进行哪些提升 / 改善可以产生更大价值?	
10	专业发展	是否达到专业基本要求?	
11		当前，有哪些专业的最佳实践可以借鉴?	
12		未来，专业发展和变革趋势是什么?	

7 撰写目标

目标撰写范式

目标的撰写，可以参考下面的范式进行：

What：回答要做什么？

[副词]+ 动词 +[名词]，[以动词 + 名词]

Why：解释为什么要做？

按照上面的范式，目标可以有以下几种组合形式：

1. 目标 = 动词 + 名词

   例子：优化销售流程

2. 目标 = 动词 + 形容词 + 名词

   例子：打造旗舰产品

3. 目标 = 副词 + 动词 + 名词

   例子：大幅提升公司的品牌影响力

4. 目标 = What（动词 + 名词） + Why（动词 + 名词）

   例子：变革绩效管理，激活组织活力

表 7.1 目标撰写练习

类型	练习
目标 = 动词 + 名词	
目标 = 动词 + 形容词 + 名词	
目标 = 副词 + 动词 + 名词	
目标 = What（动词 + 名词）+ Why（动词 + 名词）	

好目标的特征

第一，目标一般为定性描述，用文字而非数字。为什么用定性而非定量？使用定量作为目标，容易会产生两个问题。一是给定的数字可能会压抑员工的努力，给员工限制，员工有可能会超越这个目标；另一方面也可能会给员工带来心理压力。二是给定的数字，可能会对关键结果设置带来思考限制，人们有可能直接想到数字的分解，或者让人们纠结于数字，而忽视行动的多种可能性。如何将定量目标转为定性目标？比如目标“销售收入提高 20%”，可以修改为“提高销售收入”。

当然，你也可为定性目标添加定量备注，在未来复盘时使用。如果你不担心使用定量所产生的问题，你也可以在目标中加以定量数据。

第二，明确行动方向。目标应该以动词开始，指明行动方向。

不要在目标中使用“协助”“帮助”“参与”“支持”等责任不明确的动词。

第三，责任范围是可控的。对于责任者来说，其对目标能否实现有很大的影响，至少能达到 70% 程度。目标不要超越能力资源范畴，例如，财务部门“实现利润率达到 10%”可能就不太适当，因为这不是财务部门能控制的。

第四，在对应周期内是可以完成的。如果一个项目可能持续几个季度，那么要明确季度内达成的结果（即交付物）。例如一季度目标应该设定为“完成概念设计”，而不是“成功完成 × 项目”。

如果是持续性的目标，例如，“打造优秀团队”是一个持续性目标，这时，可以将其直接作为目标，对应周期内需达到的成果，可以通过关键结果来界定。

第五，要能鼓舞人心。目标要富有挑战，它不是增量目标。看到目标让人能有一种“不舒服的兴奋感”。善于使用“形容词”，激发员工动机。

第六，精简。目标更像一个“大标题”，或者“一个口号”。通常，一个目标不要超过 20 个字。

8 确定关键结果

关键结果制定思路

在制定关键结果时，要始终以目标为起点和核心。制定关键结果，可以按图 8.1 所示的思路进行思考。

图 8.1　制定关键结果时的思路建议

按策略制定关键结果

围绕目标，分析影响目标实现的关键驱动因素。这些关键驱动因素体现了完成目标的逻辑假设，按照预期，只要达到这些关键结果，就能实现目标。

首先，检查这些关键结果是否符合商业逻辑。在商业实践中，有一些成熟的商业逻辑，可以依据商业逻辑来确定关键成果。

例子：

商业逻辑：销售收入＝流量 × 转化率 × 客单价

按照这个商业逻辑，我们可以制定如下的 OKR：

O：提高销售收入
KR1：通过加大宣传，提高日流量至 × 人。
KR2：通过数据分析、优化体验等方式，提高转化率至 ×%。
KR3：通过产品组合优化、促销活动等方式，提高客单价至 × 元。

其次，确定对这些关键结果的影响因素。我们可以根据专业经验、行业实践等，分析影响因素，按照影响因素制定关键结果。

例子：

以“提高客单价”为目标，按照专业经验有 4 种方法：

价格刺激；销售推荐；关联销售；产品组合。

按照上述分析，我们可以制定如下的 OKR：

O：提高客单价
KR1：通过价格刺激措施，新增收入 × 元。
KR2：通过关联销售设计，实现收入 × 元。
KR3：通过产品组合设计，实现收入 × 元。
KR4：优化销售推荐话术，每周对所有销售人员进行一次培训。

按维度制定关键结果

按目标的衡量维度，去设计关键结果。

O：打造一款旗舰手机
KR1：设计新颖，在 10 家行业主流媒体获得高度认可。
KR2：摄像头达到超大超广角、超微距效果。
KR3：实现超级快充。

有时，也需要在关键结果中设计衡量目标质量的要项。在《这就是 OKR》中，格鲁夫指出：当关键结果聚焦产出时，相匹配的关键结果应该强调工作的质量。如下面的例子中“3 项发明专利”就是关于项目工作质量的衡量。

O：完成 A 项目研发
KR1：2 月底，A 项目结题获得通过。
KR2：完成 3 项发明专利。

按任务制定关键结果

如果完成目标的实施路径非常清晰，可以按照任务完成时间（里程碑）制定关键结果。

O：顺利导入 OKR
KR1：1 月底前，选择外部顾问组织管理层培训。
KR2：2 月底前，完成管理层 OKR 撰写辅导。
KR3：3 月底前，组织 OKR 复盘。

提示

1. 按策略制定 KR，可以显示完成目标的关键要素；而按任务方法制定 KR，仅关注任务完成时间。一般，我们建议采取按策略制定 KR，可以让我们对目标的完成逻辑有更清晰的思考，目标完成过程中更有针对性。“想得清楚，执行得更好”。
2. 对同一个目标，既可以按策略方法制定，也可按任务方法制定。对于“了解用户真实需求，为概念设计提供有效支撑”这个目标，我们分别提供了两种方法。

方法 1：按任务方法制定

O：了解用户真实需求，为概念设计提供有效支撑
KR1：1 月底前，通过分析用户类型、用户决策流程，完成用户调研对象清单。
KR2：1 月底前，通过关键竞争对手功能分析和销售部门意见收集，完成用户调研方案。
KR3：2 月底前，按照调研方案，完成数据收集。
KR4：3 月底前，通过数据分析和概念设计要求，完成用户需求调研报告。

方法 2：按策略方法制定

O：了解用户真实需求，为概念设计提供有效支撑（按策略）
KR1：销售团队对 10% 的重点客户进行访谈，完成重点客户访谈报告。
KR2：产品管理团队组织 5 场行业专家座谈会，完成专家意见汇总报告。
KR3：设计团队对新老用户进行 20 次用户测试，完成测试报告。

大家可以思考一下，您更适合选择哪种方法来制定自己的 OKR？

练习：

1. 用策略方法制定一个 OKR：

2. 用维度方法制定一个 OKR：

3. 用任务方法制定一个 OKR：

关键结果的类型

关键结果，按照度量的类型可以分为比率型、数量型、里程碑型和主观型。

比率型 KR，是用百分比的方式来度量 KR。例如：

KR1：客户复购率月环比增长 10%。

KR2：开展协作满意度调查，比上季度提升 50%。

提示

1. 使用比率型 KR 作为度量，比率一定要有清晰的计算公式，并且数据可以收集。
2. 注意对比参照对象。“提升”与“提升至”有区别吗？“提升”的基数是什么？

数量型 KR，是用确定的数字来度量 KR。例如：

KR1：月销售收入达到 100 万元。

KR2：周活量达到 10 万。

提示

我们建议将比率型 KR 转化为数量型 KR，这样可以更容易跟踪、评估 OKR。

里程碑型 KR，是指用完成时间来度量 KR。例如：

KR1：2 月 20 日前，确定 OKR 试点部门。

KR2：6 月底前，建立数据分析模型。

提示

里程碑型 KR 的挑战性主要在于完成时间。例如，在 KPI 中我们保守的设计目标“在 2019 年 12 月，完成 × 项目”，在 OKR 中可以将目标设计为“在 2019 年 10 月底前，完成 × 项目”。缩短所需时间，对 OKR 执行者来说也是一种挑战。

主观型 KR，是用主观感受来度量 KR。例如：

KR1：所有的内容在一个月内都不过时。

KR2：客户报告在他们团队关于产品培训花费时间得到减少。

提示

1. 一般尽量不要使用主观型 KR。
2. 如果很难用量化数据（很难收集数据，或需要花很大精力才能收集数据），可以使用主观型 KR，但一定要注意内部对其判断有一个相对清晰的标准。这个标准是对目标是否完成或完成的程度的判断没有显著分歧。

OKRT 结构

“关键结果”支撑“目标”的实现，然后围绕“关键结果”，选择适当的“任务”，以更好地完成“关键结果”，从而实现“目标”。

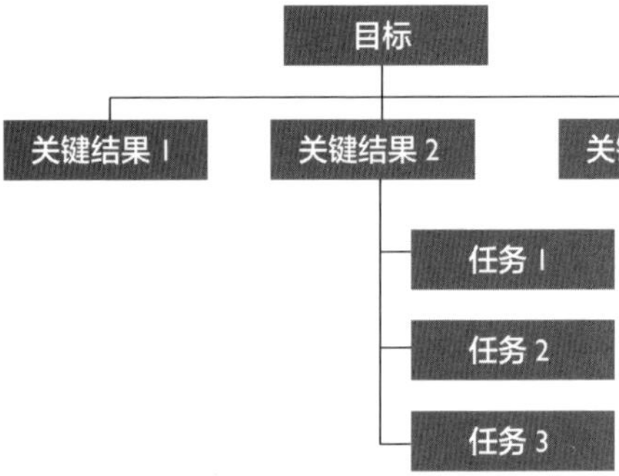

图 8.2 OKRT 结构示意图

我们可以将目标落实到具体任务中，见表 8.1 所示。

表 8.1 O：变革绩效管理，提升管理能力

关键结果（KR）	任务（TASK）
KR1：变革优化绩效管理体系	T1：确定绩效管理框架和关键政策 T2：制定绩效管理制度 T3：建立配套的绩效管理信息系统
KR2：通过外部教练、内部教练，赋能管理者，确保管理者 100% 掌握绩效管理工具	T1：组织管理者进行绩效管理培训 T2：定期发布相关绩效管理操作指引 T3：听取管理者反馈并给予建议
KR3：通过机制建设、定向辅导、跟踪等方式，确保 OKR 过程跟踪 100% 执行	T1：建立部门 OKR 过程跟踪机制 T2：辅导部门管理者“如何跟踪” T3：跟踪并督促过程跟踪的执行

9 撰写关键结果

关键结果撰写范式

关键结果的撰写，可参考下面的范式：

How：如何做？

通过（措施），实现（可度量结果）

How Much：达到什么结果

按照上面范式，关键结果可以是下面两种情况：

1. 关键结果 = 过程 + 结果

关键结果，是由任务 / 策略结合任务效果构成而构成的，并可以通过效果来验证任务 / 策略的有效性。例如“通过产品组合设计，实现收入 × 元”。

2. 关键结果 = 结果

此时的关键结果类似于 KPI。例如“实现月活量达到 × 人”。

好的关键结果特征

1. 符合 SMART 原则

SMART 原则是目标设定的基本原则，OKR 也要符合 SMART 原则。乔治·多兰（George T. Doran）在《管理评论》中发表的《用S.M.A.R.T方法写出愿景及管理目标》一文首次提出了 SMART 原则。但在实践中，大多人将 SMART 原则狭义地理解为“量化”原则。在撰写关键结果时，我们可以按照表 9.1 进行 SMART 原则符合性检查。

表 9.1　OKR 的 SMART 检查表

类别	检查标准	检查结果
Specific（具体的）	1. 大家对文字表达是否有不同解释？（清晰，无歧义）	是【 】否【 】
	2. 能否提供行动指引？（有简单的行动策略）	是【 】否【 】
Measurable（可测量的）	3. 期中能否进行定期跟踪？（最好是按日跟踪，至少需要按月跟踪）	是【 】否【 】
	4. 期末能否清晰地评分？（可以度量）	是【 】否【 】
Attainable（可达到的）	5. 是否有挑战？（按信心指数评价，100% 的信心指数不具挑战性）	是【 】否【 】
	6. 是否有实现的方法和可能性？（有策略，并且信心指数一般不低于 50%）	是【 】否【 】
Relevant（有相关性的）	7. 是否有指定责任人？（KR 要指定责任人）	是【 】否【 】
	8. 责任人对结果是否具有很大影响？（责任人对 KR 影响程度要大于 70%）	是【 】否【 】
Time bound（有明显截止日期的）	9. 是否有明确完成时间？（KR 要指定完成时间）	是【 】否【 】

2. 基于价值

我们在撰写 KR 的时候，要问自己：我专注的是目标，还是专注于完成目标的方法或任务？

在实践中，通常会产生两种类型的关键结果：一是基于任务的，即度量在指定时间内是否完成任务。例如发布新版本。二是基于价值的，即度量任务的效果。例如发布新版本，将口碑从 X 提高到 Y。

表 9.2 基于任务和基于价值的 OKR 举例

基于任务	基于价值
开发 3 个功能	• 产生 50 个 MOLs • 流量转化率达到 ×%
开发新产品	• 日活量达到 × • 从免费用户到付费用户转化率达到 ×% • 用户口碑达到 ×

我们建议 KR 要基于价值，原因有两点：

第一，我们需要的是基于结果的文化，而不是基于任务的文化。组织需要的是结果，任务仅仅是完成结果的手段或方法。如果你仅仅完成了任务，但没有达成结果，那就不是成功的。

第二，任务仅仅是一些未经验证的假设。

精益创业方法论告诉我们，一个想法只是一个未经验证的假设。在实践中，我们往往是通过静态的计划进行管理，但任务的效果是否有效，往往未经评估。KR 中的任务仅仅是一种逻辑假设，需要通过结果来进行验证。

我们可以通过以下方式将基于任务的 KR 转为基于价值的 KR：通过（任务），我们可以从 X（基础）达到 Y（我们希望达到目标）。例如：通过数据平台的迁移，实现稳定性（85%）提高到（99%）。在制定 KR 的时候，首先要确保 KR 可衡量，即使仅仅是衡量任务或交付结果。其次，我们要始终提示自己，为什么要完成这个任务，任务的目的和意义是什么。

从衡量任务转向衡量价值，实质上需要我们对工作思维进行转变。过去，我们的工作，通常是任务导向，要完成哪些任务，往往会忽视了“大图景”，忽视任务目的。我们需要慢慢培养价值导向的工作思维，我们的工作要有价值、有意义，要时刻提醒“我的工作能为组织带来什么价值，做出什么贡献”。（标准见图 9.1。）

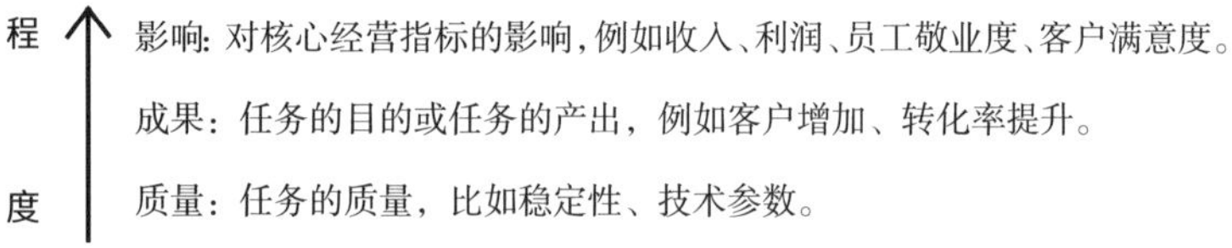

图 9.1　衡量价值的标准

3. 是关键的

要选择“关键的”作为 KR，判断的主要依据有 3 条：这是必要的吗？这是重要的吗？这是需要付出更多的关注和精力的吗？

我们在完成了 OKR 后，要最后问自己一个问题：完成了这些关键结果，可以实现目标吗？如果答案是否定的，没有信心的，请你重新思考！

10 OKR 检查

可以使用表 10.1 所示的 OKR 检查清单对所制定的 OKR 进行检查。

表 10.1 OKR 检查清单

类别	检查标准	检查结果
逻辑	1.OKR 对组织有价值，是重要的	是【 】否【 】
	2.OKR 完成的逻辑是清晰的	是【 】否【 】
	3. 所有 KR 完成了，O 就可以实现	是【 】否【 】
	4.OKR 是具有挑战性的，需要付出很大努力	是【 】否【 】
	5.OKR 有完成的可能性	是【 】否【 】
	6. 具备完成 OKR 必要的资源	是【 】否【 】
	7.OKR 有指定的责任人	是【 】否【 】
目标撰写	1. 以动词开始	是【 】否【 】
	2. 责任明确	是【 】否【 】
	3. 对应周期可以完成	是【 】否【 】
	4. 定性的	是【 】否【 】
	5. 可以鼓舞人心的	是【 】否【 】
	6. 精简，无歧义	是【 】否【 】

（续表）

类别	检查标准	检查结果
关键结果撰写	1. 任务的完成效果可以度量	是【 】否【 】
	2. 可以进行期中检查	是【 】否【 】
	3. 有完成目标的过程	是【 】否【 】
	4. 精简，无歧义	是【 】否【 】
对齐	1. 上级目标全部得到承接、分解	是【 】否【 】
	2. 重要协作得到体现	是【 】否【 】

11 OKR 实施

OKR 实施的时间框架

可以参照表 11.1 制定符合自己实际情况的 OKR 实施时间框架。

表 11.1 OKR 实施的时间框架

<table>
<tr><th>Y</th><th>年度开始前 1 月</th><th></th><th>制定公司年度战略 OKR</th></tr>
<tr><td rowspan="9">Q1</td><td>季度开始前 2 周</td><td>制定团队季度 OKR</td><td rowspan="12">定期跟踪检讨
年度战略 OKR</td></tr>
<tr><td>季度开始前 1 周</td><td>制定员工季度 OKR</td></tr>
<tr><td>季度第 1 周</td><td>OKR 共识会</td></tr>
<tr><td>季度第 2 周</td><td>更新、发布 OKR</td></tr>
<tr><td>季度每天</td><td>每日站会</td></tr>
<tr><td>季度每周</td><td>周会</td></tr>
<tr><td>季度每月</td><td>月例会</td></tr>
<tr><td>季度末</td><td>OKR 评分</td></tr>
<tr><td>季度末</td><td>OKR 复盘会</td></tr>
<tr><td>Q2</td><td colspan="2">按 Q1 方式继续</td></tr>
<tr><td>Q3</td><td colspan="2">按 Q1 方式继续</td></tr>
<tr><td>Q4</td><td colspan="2">按 Q1 方式继续</td></tr>
<tr><td>Y</td><td colspan="2">年度最后 1 月</td><td>公司年度战略 OKR 复盘</td></tr>
</table>

制定公司年度战略 OKR

时间：年度开始前 1 月 主题：制定年度战略 OKR 人员：CEO、高管团队

团队共创法——确定公司目标

团队共创法是一种融合脑力震荡、德尔菲法，加上全形的概念而形成的一种结构化的集体研讨方法。这种方法可以帮助团队达成共识，找到最核心的问题。

1. 会议准备

请做好以下几个方面的准备：轻松环境的营造；小组讨论方式的座椅布局；会议物料：白板纸、便利贴（至少三色）、水彩笔（一套）；随机分组，每组 5 ~ 7 人，选取 1 名作为组长。CEO 可以作为观察员，随机观察各组讨论。

2. 主题介绍

组长介绍主题："欢迎大家参加这次的主题研讨。我们这次研讨的主题是关于今年的公司目标，也就是公司年度战略 OKR 的 O。希望大家积极参与，并能够达成共识。"

说明：在会议开始前，可以进行简短的关于 OKR 知识的复习。让大家对 OKR 有一个统一且深入的认知基础。

3. 个人头脑风暴

可以以下列方式进行个人头脑风暴：个人进行独立思考，记录在便利贴上；一张便利贴只写一条具体观点；每张便利贴打横写，表达通俗易懂，字数在 8 ~ 20 个以内，字迹清晰；每个人写 5 张。

4. 排列组合

可以以下列方式进行排列组合：每个人挑选最重要的一张便利贴交给组长；组长按卡片内容朗读，如有人对表达内容有疑问，可请表达者解释，务必使大家对所表达的内容理解一致；大家讨论分类，相同类别为一列；组长收集其他所有卡片，朗读并分类；处理分类，控制列数为 5 列；当有争议时，可以投票解决，但要认真探询异议背后的想法。

5. 提炼中心词

可以以下列方式提炼中心词：按列提取关键词；关键词可以按照 OKR 的 O 撰写规范进行书写；写完之后，再朗诵一遍，加强认识。

6. 呈现成果

按照重要性进行排序，并进行最终成果呈现。

7. 集体团队共创

由会议主持人进行集体团队共创（按上述流程进行排列组合）；当出现异议时，采取投票方式；CEO 最后进行意见表达，并确定最终共创结果。

“世界咖啡”——确定关键结果

“世界咖啡”是一种“集体交流”与“用对话找到方案”的会议

形式。其实质是在营造一个安全、开放的环境，让不同背景、不同观念的人聚合在一起，进行轻松的交流与对话，让深藏的思想碰撞出火花，形成集体的智慧。

它是在1995年国际组织学习学会（SOL）的高级顾问朱安妮塔·布朗（Juanita Brown，Ph.D.）与戴维·伊萨克（David Isaacs）合著的《世界咖啡》一书中首次提出，被彼得·圣吉誉为“我们所有人类进行集体创造最可靠的方式”。

1. 会议准备

注意以下几点：轻松环境的营造；小组讨论方式的座椅布局；会议物料：白板纸、便利贴（至少三色）、水彩笔（一套）；分组：按责任相关分组，每组领取一个目标，确保每组至少2人。

2. 明确规则

明确以下三条规则：尊重所有人的想法；聆听对方所有的观点；探寻共识和行动。

3. 小组会谈

首先要确定会谈结构（如图11.1所示）。

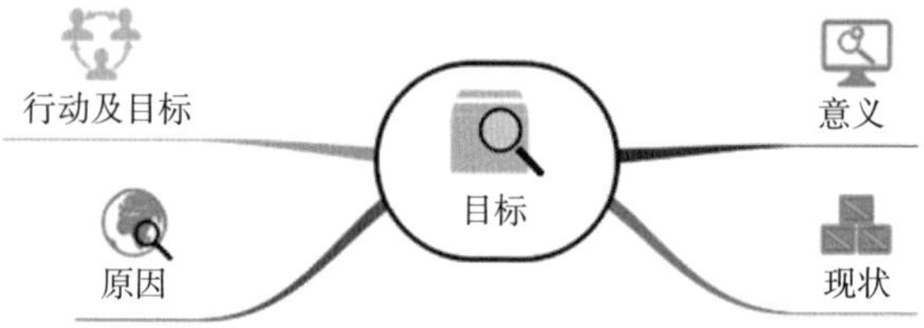

图11.1 小组会谈结构示意图

其次要注意以下几点：在讨论中要始终相互倾听；确保始终围绕“中心问题”；按顺序开始：意义、现状、原因、行动及目标；行动及目标就是 KR 的来源，可以按 KR 的撰写方式及要求进行提炼。

4. 智慧流动

除组长外，小组成员自由到其他任何感兴趣的小组；新成员对会谈结果不明确的表达可以提问、质疑；提出新的建议方案。

5. 整理汇报

小组成员重新对四个模块（意义、现状、原因、行动及目标）进行归类、整理；对行动及目标进行排序，提炼确定对应目标的关键结果；汇报小组的 OKR。

6. 讨论、确定

按照 OKR 检查要点进行检查；对关键结果的挑战性与信心指数进行讨论。

提示

1. CEO 可以提出目标，再进行讨论，也可直接提出 OKR。
2. 团队确定 OKR 也可以采用这种相关方式。

会议成果中的公司年度战略 OKR 可以用表 11.2 来总结并进行展示。

注意保存会议过程讨论资料，以备部门制定 OKR 时和复盘 OKR 时参考。

表 11.2　公司年度战略 OKR

序号	目标（O）	关键结果（KRs）	完成时间	责任部门
1		KR1：		
		KR2：		
		KR3：		
		KR4：		
2		KR1：		
		KR2：		
		KR3：		
		KR4：		
3		KR1：		
		KR2：		
		KR3：		
		KR4：		

制定团队季度 OKR

时间：季度开始前 2 周
主题：制定团队季度 OKR
人员：团队负责人及直接下属

方法 1：由团队负责人拟定初稿，然后团队负责人召集其直接下属或团队关键人员进行讨论。

方法 2：可以参照公司年度战略 OKR 制定方法。

牢记要点：

1. 承担公司年度战略 OKR 中 O 或 KR 要在部门 OKR 中得以落地；
2. 要思考能对公司年度战略 OKR 做出的其他可能贡献；
3. 要思考对公司经营指标与长期发展的可能贡献；
4. 要区分承诺型工作与挑战型工作。

会议成果可用表 11.3 呈现。

表 11.3 团队季度 OKR

序号	目标（O）	关联	信心指数	关键结果（KRs）	完成日期	责任人
1				KR1：		
				KR2：		
				KR3：		
				KR4：		
2				KR1：		
				KR2：		
				KR3：		
				KR4：		
3				KR1：		
				KR2：		
				KR3：		
				KR4：		

制定员工季度 OKR

时间：季度开始前 1 周
主题：制定员工季度 OKR
人员：员工

牢记要点：

1. 承担团队季度 OKR 中 O 或 KR 要在员工 OKR 中得以落地；

2. 要思考能对公司年度战略 OKR、与团队 OKR 做出的其他可能贡献；

3. 要思考对公司、部门、客户及其他发展的可能贡献；

4. 要区分承诺型工作与挑战型工作。

员工季度 OKR 可以用表 11.4 呈现。

表 11.4　员工季度 OKR

序号	目标（O）	关联	信心指数	关键结果（KRs）	完成日期
1				KR1：	
				KR2：	
				KR3：	
				KR4：	
2				KR1：	
				KR2：	
				KR3：	
				KR4：	
3				KR1：	
				KR2：	
				KR3：	
				KR4：	

OKR 共识会

时间：季度第 1 周

主题：OKR 共识会

人员：CEO、高管团队

会议准备：

1. 团队季度 OKR（团队负责人可根据员工 OKR 进行修订）。

2. 团队协作表（可见表 6.4）。

3. 公司 OKR 落地关系图（见图 11.2）。

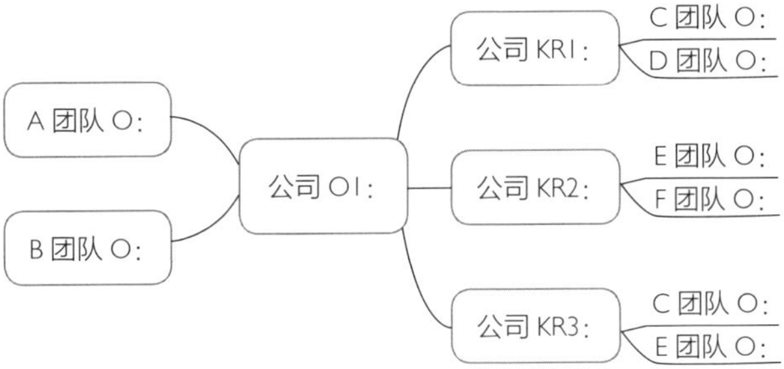

图 11.2 公司 OKR 落地关系图

具体流程：

1. 主持人开场

主持人可以由 HR 部门负责人或业务规划负责人或 OKR 内部 / 外部教练担任，引导大家聚焦问题与行动，而非分清责任；坦诚沟通。

2. 按部门逐个介绍

由部门负责人逐一陈述 OKR，并介绍 O 的重要性（对公司目标的价值）、KR 的思考逻辑（KR 完成是否能支撑 O 的实现）、KR 的挑战性（完成信心）、横向协作要求；外部 / 内部教练提出建议（OKR 的撰写、OKR 落地情况）；同事点评、建议；横向部门的回复与承诺；上级领导点评：是否重要、是否有挑战及其他。

3. 主持人总结（修改提交时间）

4. 需关注点

要对公司的优先事项达成一致，能实现对公司短期目标支持和长期价值支持；要鼓励挑战；要发挥教练的关键作用；要建立协同的文化，不要过分分清责任。

更新、发布 OKR

时间：季度第 2 周
主题：更新及发布
人员：团队负责人、员工及 OKR 内部教练

具体流程：

1. 部门根据 OKR 共识会会议要求，对团队 OKR 进行修改更新。
2. 部门负责人向部门员工发布部门 OKR。
3. 通过部门会议或一对一沟通的形式，讨论员工 OKR。
4. 员工修订个人 OKR。

5. 员工发布 OKR。

6.OKR 内部教练：跟踪发布工作；提供制定过程中的辅导；检查纵向分解与横向协作关系落实；检查 OKR 撰写并提供建议。

每日站会

时间:	季度每天
主题:	每日站会
人员:	团队成员

每日站会是敏捷开发 Scrum 的相关技术之一，是 Scrum 的最佳实践方法。每日站会的主要目的是让团队成员互相交流他们所承担任务的进度以及碰到的问题难点。它的一个附带好处是让管理者能及时了解团队成员工作情况和大家的工作状态，及时识别问题和风险，做好协调和找出问题的解决办法。

具体流程：

1. 会议时间：15 分钟。

2. 会议准备：用便利贴完成每日站会资料。建议可以使用不同颜色代表不同人；或者在每页标注姓名 / 花名。

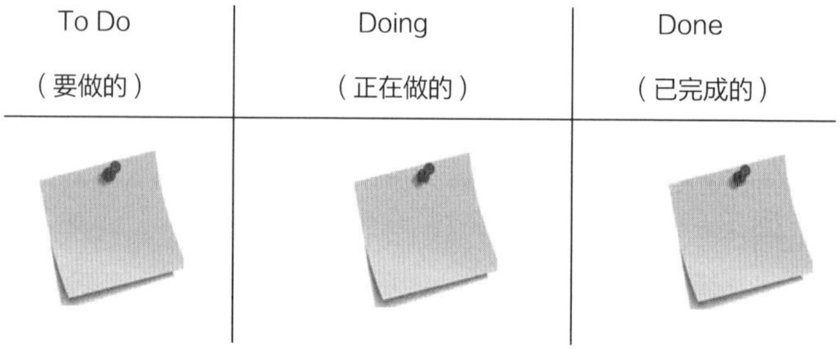

图 11.3 用便利贴完成每日站会资料示意图

3. 员工分别围绕这几个问题进行陈述。昨天做了什么？今天准备做什么？遇到什么障碍？需要什么支持？

4. 聚焦“障碍”的解决。

周会

时间：季度每周

主题：周会

人员：团队成员

表 11.5 每周周报模板

本周 OKR 进度 本周，关键结果取得了哪些进步？	下周计划 下周，我计划做哪几项重要任务？
障碍 是什么阻碍了 OKR 取得更大的进步？	**方案** 我们要做什么来改善 OKR 结果？

具体流程：

1. 成员介绍每周周报。
2. 讨论障碍和方案。
3. 给予成就认可。

会议关键点：

1. 不要变成一个“批评”或“追责”的会议。
2. 要聚焦于 OKR，聚焦于未来的行动。
3. 要营造一个积极的团队沟通氛围。
4. 要关注员工的信心与情绪。

月例会

时间：季度每月
主题：月例会
人员：团队成员

表 11.6 OKR 月报模板

序号	目标（O）	关键结果（KRs）	完成情况	完成比例	完成日期
1		KR1：			
		KR2：			
		KR3：			
		KR4：			
2		KR1：			
		KR2：			
		KR3：			
		KR4：			
3		KR1：			
		KR2：			
		KR3：			
		KR4：			

具体流程：

1. 成员介绍 OKR 完成进度。

2. 成员分享成功经验。

3. 成员提出 OKR 更新。

4. 成员提出问题与困难，寻求支持。

5. 讨论未来的解决思路与策略。

6. 管理者明确 OKR 优先级，并调配资源。

会议关键点：

1.OKR 完成进度要有数据支撑。

2. 关注“承诺型 OKR 的完成度”，确保承诺型 OKR 完成。

OKR 评分

时间：季度末
主题：OKR 评分
人员：所有员工

表 11.7　OKR 评分模板

序号	目标（O）	关键结果（KRs）	完成情况	关键结果评分	完成日期
1		KR1：			
		KR2：			
		KR3：			
		KR4：			
2		KR1：			
		KR2：			
		KR3：			
		KR4：			
3		KR1：			
		KR2：			
		KR3：			
		KR4：			

OKR 复盘会

时间：季度末

主题：OKR 复盘会

人员：团队成员、团队负责人

表 11.8 个人 / 团队复盘表模板

分析原因			
亮点	关键结果	好的做法	启发
不足	关键结果	不足的做法	改善
变化	关键结果	变化原因	经验

（续表）

总结规律

下一步行动		
继续	更新	取消

表 11.9 OKR 评分后复盘要点

评分	评分后需要思考和关注的
1	1. 关键因素是什么？是否有可以总结下来的经验和方法？ 2. 达成的关键员工是谁？ 3. 目标设定是否过低？
0.7	1. 鼓励团队追求的目标是什么？ 2. 关注突破和成长较快的员工有谁？ 3. 差距在哪儿？ 4. 可提升的空间和可能有多大？
0.3	1.KR 是否有问题？ 2. 工作方法可能存在问题？找到它并提出改进方案。 3. 是否有资源获取方面的问题？需要在协作上有所突破吗？ 4. 其他你可以想到的改变。
0	1. 需要解释原因。 2. 这个目标是否继续下去？

具体流程：

1. 主持人开场（介绍复盘规则和要求）。

2. 按部门逐个复盘。

部门负责人陈述：OKR 评分、完成情况、复盘；其他同事点评；上级领导点评。

3. 内部教练（人力资源部）进行 OKR 运行总结及建议。

4. 领导总结。

会议关键点：

1. 要注意一些 KR 完成但 O 未完成的情况。

2. 要区分 OKR 类型（承诺型 OKR），要深入的讨论分析原因；挑战型 OKR，要鼓励。

3. 在原因分析上，同事和领导要关注分析未来能够改善的点，而不要着重去“追究责任”。

4. 要有后续措施：取消；继续实施，加强；更新。

5. 在复盘的组织中，刚开始推动的时候要营造一个良好的环境：鼓励大家发言，营造一个开放的沟通氛围；鼓励大家提出建设性意见，营造一个真诚的沟通氛围。主持人组织与领导的行为非常关键！

12 OKR 管理：引入 CFR

CFR 与持续的绩效管理

越来越多的企业开始“反思绩效管理”，探寻“当下的绩效管理究竟对组织有什么贡献”。很多企业发现，传统的年度目标、年度考核、评级分布等绩效管理流程与政策的效用越来越小，认为不值得花很多时间去做这些事。

但是，直接废弃绩效管理是不行的，因为绩效管理对于企业非常重要。所以越来越多的企业开始步入变革绩效管理之旅。尤其是近几年，包括微软、IBM（国际商业机器公司）、GE（美国通用电气公司）等全球领先企业也开始对传统的绩效管理进行变革，引入新的管理模式，以适应当前商业环境和工作环境。全球绩效管理变革的趋势是：实施持续绩效管理。持续绩效管理的核心，就是强化原来绩效管理忽视的“过程管理”，而不是聚焦在“考核”上。

持续的绩效管理，它相对传统绩效管理，具有三大显著特点：一是实施动态的目标设定系统，例如 OKR（目标与关键结果）；二是强化过程沟通，例如 CFR（注重对话、反馈与认可的持续性绩效管理工具）；三是将目标评分与考核、薪酬解耦。

我们引入 OKR 目标设定系统，必须升级过程管理，变革管理沟通体系。约翰·杜尔指出，OKR 与 CFR 是相互促进的，CFR 是有效沟通的“刺激物”，它能激发 OKR，并将其送入正确的轨道。

OKR 与 CFR 是相互融合、相互促进的关系。CFR 要以 OKR 为核心，聚焦最重要的事；OKR 需要 CFR 做保证，确保目标实现。

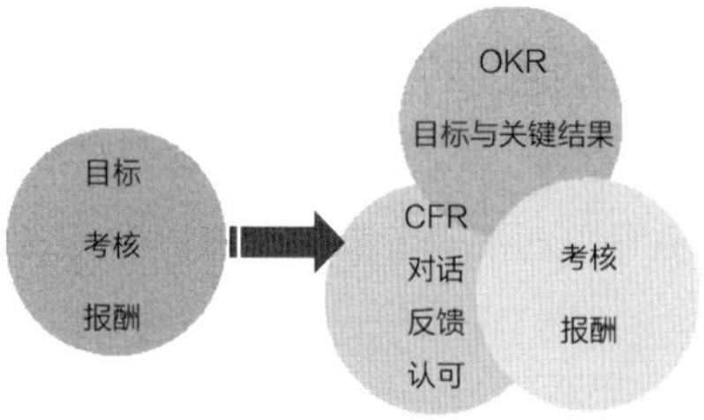

图 12.1 OKR 与 CFR 相互融合、相互促进

对话（Conversation）

过去几十年，甚至到现在，大多公司依然采用通过年度考核的方式来评估员工的绩效。但这种方式已经过时了。它只是过度集中在“如何客观、公平”地对过去的绩效进行评估，而忽视了未来的绩效和发展。而且，在流程压力下，面对绩效管理的相关沟通，员工甚至管理者会感受到焦虑、恐惧，效果并不好。当今的工作场所，员工更希望实时、频繁地与管理者沟通，而且这种沟通会更有效地促进绩效发展，回归绩效管理的本质。

对话的价值

如何提高员工绩效，促进员工绩效发展和自我提升，管理者的主要武器不是权威、奖惩，而应该是“对话”。

定期的目标沟通与反思，可以保证员工的工作始终处在正确的轨道之上，理解目标的意义与价值，使员工与管理者在目标上达成共识，更能增加实现目标的可能性。

频繁的进度更新，让员工始终关注目标，不至于产生“懈怠”状态，并能及时解决目标实现的障碍或挑战，更能促进目标的实现。

实时的绩效辅导，通过教练的方式发挥员工的潜力，促进员工发展与绩效发展。

定期的绩效回顾，让员工了解管理者的期望与评价，清晰角色的期望与价值，促进员工更好的发展。

定期的职业对话，让员工的优势、兴趣与组织发展结合起来，让员工感受到公司的重视和投入，提升员工的投入。

对话的特点

对话与传统意义上的沟通有截然不同的区别：

双方共同参与，甚至有时以员工为主导，而不是以管理者为主导。

彼此交流、相互启发，而非命令、指导。要求管理者是“教练”，通过教练的方式来进行对话。

宽松的环境，要避免压力，让对话双方能有一个自由的状态，能更坦诚地表达。

聚焦于未来，而非纠结员工的责任、表现等。

只有具有这些特点的沟通，才是对话，才能发挥对话的效用与价值。

对话的技巧

为了更好地进行“对话”，管理者要掌握“教练”的能力，成为一名优秀的教练，作为教练型管理者。教练能力，是新时代管理者最欠缺和最应该具备的能力。

教练，其实质是一种在教练和被教练者之间进行的有效对话。这种对话是一种开源性对话，通过一系列有方向性、策略性的过程，洞悉被教练者的心智模式，旨在挖掘被教练者内心的潜力，发现更多的可能性，令被教练者自我超越、自我突破、有效达到目的。

约翰·惠特默（John Whitmore）在《高绩效教练》一书中首次提出将提摩西·加尔韦（Timothy Gallwey）的教练原则应用到商业管理中，并在该书中首次提出 GROW 模型，教练技术由此得以迅猛发展。GROW 模型已经成为最常用的教练技术之一。

GROW 的字面意思是成长，它是一个旨在帮助员工成长的工具。组成它的四个字母各有含义：G(Goal Setting）是确认员工目标；R（Reality Check）是指搞清楚现状和客观事实；O（Options）是指寻找解决方案；W（What? When? Who? Will? ……）是指制订行动计划。

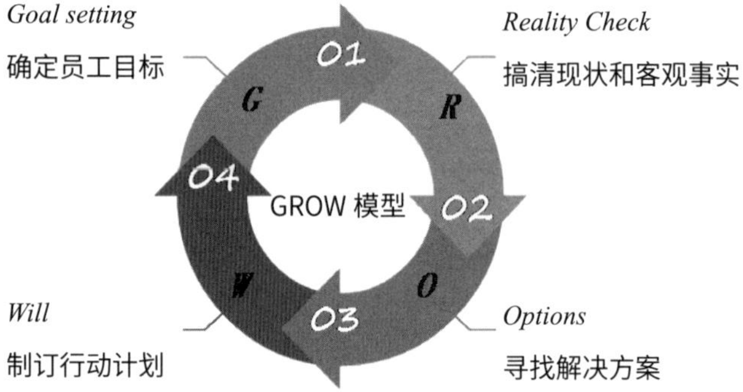

图 12.2　GROW 模型

GROW 模型是教练技术常用的有效工具。它的运用包括四个步骤：第一步，教练通过一系列启发式的问题，帮助员工找到自己真正期望的目标；第二步，围绕目标检索出相关事实，帮助员工拓展思路，帮员工超出目前内容和维度去发现更多的可能性；第三步，由于员工看到了更大的实现可能性，从而开启思路，探索更多的实现方案，并从中找到最佳的方法；最后进行总结，在实际的教练辅导过程中，教练将采取更多方法激发被教练者充满热情地行动，并予以支持和检查，再次进行阶段性的辅导，直到达到教练的目的。

对话的类型

企业中对话，根据聚焦的主题，可以分为 6 种类型：目标设定、进度更新、绩效辅导、目标反思、绩效回顾、职业发展。这些对话，通常采取正式的方式，进行一对一的正式对话。当然，不同类型的对话可以合并在一场面谈中进行。例如，可以将绩效辅导和进度更新结合起来，绩效回顾与职业发展结合起来。

1. 目标设定的对话

节奏	季度
主题	确认员工目标，达成共识
主要问题	你这季度的 O 是什么？ 为什么这些 O 是重要的？它对组织有什么贡献？ 这些 KR 能帮助 O 实现吗？ 还能做什么可以更好地实现 O？ 如果尽最大的努力，你能实现到什么程度？ 为了完成目标，你需要我给你什么支持？ 这些目标很有挑战，对团队有很大贡献。加油！

2. 进度更新的对话

节奏	每周
主题	检查目标进度，解决目标实现的障碍或挑战
主要问题	过去一周，你的目标取得哪些进展？ 对这些进展，你满意吗？有哪些障碍或挑战？ 你认为可以采取哪些措施解决这些障碍或挑战？ 需要我给你哪些支持吗？ 有哪些新的变化？需要调整目标吗？

3. 绩效辅导的对话

节奏	实时
主题	探索实现目标的方式，促进员工目标达成与绩效发展
主要问题	我们需要达到的目标是什么？ 目前现状如何？ 影响目标实现的因素有哪些？ 你考虑了哪些方案或措施？ 哪一个方案或措施最有效？ 接下来，你计划如何做？

4. 目标反思的对话

节奏	季度
主题	在实践中学习，促进员工发展
主要问题	我们目标完成得如何？ 回顾成功的结果，你觉得有哪些启发？ 有哪些不足，未来我们可以改善？ 有哪些业务规律或经验可以总结？ 未来我们需要继续做什么？ 你考虑了哪些方案或措施？ 哪一个方案或措施最有效？ 接下来，你计划如何做？

5. 绩效回顾对话

节奏	半年或年度
主题	员工阶段绩效回顾与评审，制订改善计划
主要问题	基于角色理解，你取得哪些成就？ 基于组织价值观，你展现哪些行为？ 哪些还需要改善？ 管理者对员工的反馈（角色实现和价值观，以及他人反馈） 未来如何改进？

6. 职业发展对话

节奏	半年或年度
主题	了解职业期望，提供职业发展帮助
主要问题	你的职业期望是什么？ 你自己的优势是什么？ 你希望在哪些方面进行发展？ 你希望公司在哪些方面给予你帮助？ 你希望我在哪些方面给予你支持？

反馈（Feedback）

传统的绩效管理，遵循的是每年一次到两次的反馈，而且还是在绩效考核期间。反馈，主要是单向的、管理者对下属的反馈。这种反馈，由于考核政策的限制，不免会带来一些偏见。有些是有意识的偏见，例如趋中、趋宽、趋严。有些是无意识的偏见，包括月晕偏差（光环效应）、逻辑偏差、对比偏差、近时偏差。这种反馈，员工往往会认为不公平、不客观。为了更客观地评估员工绩效，提升绩效评估的公平性，越来越多的企业开始实施及时反馈、同事反馈、360 度反馈。

反馈的价值

根据盖洛普的调查：大约 2/3 的员工敬业度比较低；超过一半的员工在一年中很少或者没有接受到反馈；仅有 23% 的员工认为管理者提供了有意义的反馈；有反馈的员工敬业度是没有反馈的员工的 20 倍。

及时反馈，可以提高员工敬业度，产生更高的绩效，帮助企业获得更大的利润。

有效反馈的特点

反馈要持续：既不能很少反馈，也不能每天都给予反馈，这样员工会产生压力。可以设定一定的频率，保证反馈是持续的。

反馈要及时：要想使反馈效果发挥最大作用，就是当事情发生时就及时进行反馈。

反馈要具体：反馈的内容要具体，包括目标、关键执行过程和结果，而且这些信息要是客观的。我们反馈不是对员工做评判，而是聚焦于目标和具体的行为。

反馈要多视角：从工作合作或关联的多个视角去寻求反馈，这样你可能获得更多的信息，帮助你更好地认识自己。

反馈要基于信任：在反馈过程中，要给员工足够信任，相信员工能够有办法去解决现存的困难与挑战。只有建立信任，才能充分发挥员工的积极性和主动性，才能营造一个良好、信任、开放的沟通环境。但是，管理者在信任的基础上，也要给予员工一些支持和建议，帮助员工树立信心。

反馈要保护隐私：在反馈的过程中，我们要选择合适的时间和地点，避免出现尴尬的局面。即使是表扬员工，也要根据员工的个性，考虑好是否适合当众表扬。

有效反馈的技巧

反馈也需要进行学习，有效的反馈，更能让员工接受，更能发挥有效的价值。进行反馈，可以遵循 SAID 模型。

表 12.1 SAID 模型

关键词	说明	表达
Specific （具体的）	描述做得好的或者做得不好的结果或行为	我观察到，你在（ ）时间做了（ ）
Ask （问）	通过提问让员工陈述原因	你是怎么考虑的？
Result / Impact （结果 / 影响）	阐述这个结果或行为对公司、团队和个人的影响	这种结果，对团队： 这种行为，对公司：
Do （做）	希望未来继续加强或者改善的行为	非常感谢，希望你以后继续（ ） 希望你今后（ ），可以吗？

寻求反馈

反馈的目的，是希望获取我们是否朝目标前进的信息，最终是希望通过信息帮助我们更好地达到目标，更成功。

在寻求反馈的时候，我们要考虑以下问题：你清楚自己的目标吗？你问过其他人吗？这些人能观察到实现目标的活动或效果吗？你能够利用收集到的反馈评估你的目标吗？你能够利用收集到的反馈改善你的绩效吗？

接收反馈

你可以使用以下 5 个步骤来接受反馈和响应反馈。

1. 放轻松，保持良好的心态

害怕吗？焦虑吗？

2. 积极倾听

倾听表达的信息，避免防御、对抗的情绪。

3. 澄清信息

如果反馈是有情绪的，忽视它。如果反馈是模糊的，询问细节。如果反馈是过时的，询问近期的例子。如果认为反馈不准确的，询问信息来源、判断标准。

4. 响应反馈

评估反馈信息的真实性、可用性。思考可改善行为：放弃或改变目标，改变行为实现目标，或者忽略反馈。与反馈者或者管理者制订行动计划。

5. 与反馈者保持联系

记住，这不是一次性事件，引导反馈者持续提供反馈。

认可（Recognition）

传统的绩效管理，崇尚“胡萝卜加大棒”的方式，主要采用绩效奖金、绩效加薪等物质措施去激励员工。但往往会产生这种现象：公司花了很多钱，但是员工往往会觉得这是自己应有的福利或者惩罚，激励效应很低。甚至，有的时候，为了获得物质激励，会针对目标进行讨价还价，或者采取一些短视的行为。鉴于此，很多公司开始引入新的认可计划、认可策略，以激发员工内部动机。

认可的价值

认可是对员工在工作中达到特定目标或行为、努力的肯定和赞赏，通过这种鼓励以强化所期望出现的行为重复。欣赏和认可是人类最基本的需求。因为工作出色而被认可，员工会觉得自己有价值，这会带来满足感，进而会带来投入，带来更高的生产力。

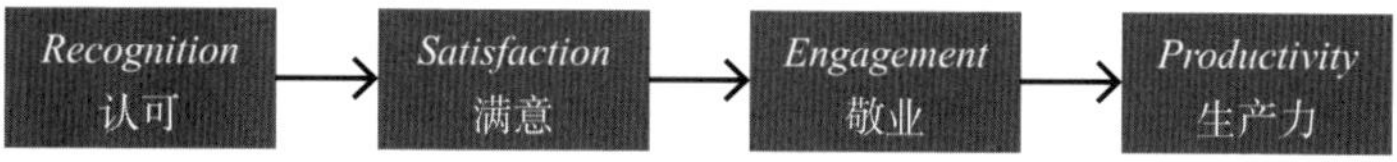

图 12.3 认可员工的工作可以促进生产力的提高

认可，可以促进员工增加对工作的投入。认可能让所有的员工在工作中感到动力、欣赏和满足，促进员工增加对工作的投入。

认可，可以改善管理者与员工的关系。韬睿惠悦（Willis Towers Watson）的研究发现，对员工表现出色的认可，能提高管理者的信任度、沟通能力、责任感和目标设定能力。

认可，可以促进员工创新。研究发现，与那些不被认可的员工相比，获得强烈认可的员工更有可能积极创新，每月产生的创意是不被认可员工的两倍。

认可，是吸引和保留员工的必要策略。研究表明，在 2015 年及以后，认可不再被视为一种不错的“工作福利”，而是吸引和留住顶尖人才的必要策略。

认可的特点

认可要及时。在员工取得成就后尽快给予表扬。即使你打算随后奖励员工，也一定要在完成任务后直接发送邮件或口头表扬员工。

认可要全面。虽然有些员工天生比其他人表现得更好，但不要总是表扬那几个人。要善于发现所有人的优点。

认可要全员共同参与。考虑实施一个计划，让员工可以互相提名以获得奖励，让他们参与到认可过程中。

认可要具体真实。当你赞扬员工的时候，一定要提到他们行为的具体细节。

认可要讨论影响。将员工的努力与组织的目标或价值观联系在一起。

认可方式要多样化。除了口头表扬，还可以采用在公告栏贴卡片、物质奖励等方式。

认可要考虑员工个性需求。要探索员工的兴趣和关注点，使奖励能满足员工个性化需求。比如对于爱运动的员工，可以给予其运动器材。

定制认可

保罗·劳伦斯和尼廷·诺里亚在他们2002年出版的《驱动力：人性如何塑造选择》（*Driven: How Human Nature Shapes Our Choices*）一书中指出，人类行为是由四种基本情感需求或驱动力决定的。认可要能满足情感需求。

表 12.2 人类行为背后的四种基本情感需求

Acquire（获取）：每一个人都会努力去获取一些稀缺的东西，以此提升自己的幸福感。 例如：有薪假期、职位晋升	Bond（结合）：个人和群体建立联系。“结合”驱动力得到满足，人们就会产生热爱、关怀等强烈的积极情感。 例如：同事认可、颁奖典礼
Comprehend（理解）：满足我们的好奇心，了解我们周围的世界。当事情看上去毫无意义时，我们会感到沮丧；而寻找问题答案的挑战，常常会让我们充满激情。 例如：学习项目、任务选择	Defend（防御）：抵御外部威胁和推动正义。它不仅表现为攻击性或防御性的行为，还表现为寻求建立一系列制度来推动正义、明确目标和意图，并且允许人们畅所欲言。这种驱动力得到满足后，人们会觉得安全和自信。 例如：认可卡片、认可勋章

管理者可以根据员工的需要，定制个性化的认可。在定制之前，你需要对员工有以下的了解：他 / 她的兴趣是什么？他 / 她的爱好是什么？他 / 她喜欢的是现金，还是特别的礼物？他 / 她介意被公开表扬吗？他 / 她会以欣赏的眼光看待别人吗？

认可邮件

你可以及时书写一封邮件，对员工或团队进行及时认可。你可以参考以下模板。

个人认可

主题：祝贺成功完成！

亲爱的 [员工姓名]：

祝贺你成功完成 [明确目标 / 项目]，这对团队来说是一个巨大的成就！

我知道为了完成 [明确目标 / 项目] 你付出了很大的精力和努力，尤其是我看到 [识别任何特定的行为]。

再次感谢你的辛勤工作。

如果您能给我和团队分享你成功的经验，这会给我们带来更大的帮助。

团队认可

主题：项目的感谢！

各位小伙伴：

我想让你们知道，我很感激你们对这个项目的投入和贡献。我知道这是一个独特的挑战，我很感激你们在 [明确目标 / 项目] 上投入的时间和精力。

特别是，我认为有几个突出的因素有助于支持项目的成功：[识别任何特定的行为 / 成员]

我知道我们还有更多艰巨的工作要完成 [挑战清单]，但我相信我们正在朝着有价值的目标努力，有了你们的持续努力，我们将能够实现这些目标。

感谢你们一直以来的积极努力。

如果有什么我可以做得更好来支持你们未来的努力，请告诉我。

实施 OKR 的八大激励措施

OKR 管理，在激励机制设计上，建议从外部激励转向内部驱动。但是，OKR 管理并不否定物质激励的作用，只不过在物质激励设计上，要使物质激励能匹配 OKR 所强化的行为，让整个激励体系成为一个系统，综合发挥作用。

根据在企业实施的 OKR 项目经验，我们推荐四类、八种激励方式，供借鉴参考。

（一）鼓励 OKR 推动的激励措施

在 OKR 刚导入公司的时候，为了使 OKR 能够更好地落地，可以在组织中设置一些奖项，鼓励员工和管理者运用 OKR。这些奖项可以在年度进行评选，评选可以参照以下标准。评选完毕后，可以在集体会议上阐述先进事例、颁发奖项（奖状和奖金）。

1.OKR 大使奖

OKR 大使，可以奖励具有以下特征的员工：

深入理解 OKR：撰写符合 OKR 要求的目标和关键结果（比如目标具有商业价值，关键结果符合 SMART 原则，关键结果可以支撑目标实现等）；OKR 目标设定具有挑战性；主动分享 OKR 目标，并能定期更新 OKR 进度；主动分享 OKR 实践中的感受与方法；可以培训 / 辅导其他人员设置 OKR。

2.OKR 优秀团队奖

OKR 优秀团队，可以奖励具有以下特征的团队：

部门 OKR 完成优秀；部门员工目标具有挑战性；OKR 推动到全员工作之中；OKR 制定流程和撰写结果符合规范；定期跟踪

OKR，能及时开展月度会议和季度检讨会议；进行 OKR 复盘，总结经验教训，刷新 OKR。

（二）鼓励团队协作的激励措施

OKR 要求员工的目标与组织的愿景、目标相关联，并通过部门间水平联结，团队共同协作实现组织目标。在奖励设计上，可以导向团队协作。

3. 团队协作奖

在年度奖金设计上，可以增加与组织绩效挂钩的因素。这样，促使全体员工共同关注组织绩效实现状况，“把蛋糕做大”。组织绩效目标，需要通过 OKR 在部门和员工目标中实现落地，这些目标我们可以称之为承诺性 OKR。这些 OKR，部门和员工必须保证资源和投入，以 100% 完成。

通过这种挂钩，确保组织 / 团队目标实现。这种挂钩设计可以有两种实现方案：

方案一：设置组织目标奖金池，将组织目标奖金池与团队 OKR 挂钩。

方案二：设置团队奖金池，将个人 OKR 业绩表现与团队奖金挂钩。

4. 全员认可奖

设计全员认可项目，鼓励相互协作。全员认可包括以下要点：

设置“勋章”，每个员工每个月有 10 枚勋章。

赠送规则：每个员工这 10 枚勋章不能发给自己，只能赠送给同事，对同事努力 / 贡献、同事的创新 / 挑战、同事的协作 / 帮助给予积极反馈；每月末赠送完勋章清零。

公开透明原则：每个员工赠送勋章是透明的（包括必须书写的赠送理由），大家可以看到。

排名规则：设PK榜，评出“月度之星”“季度之星”“年度之星”。

兑换原则：到年度，员工可以将年度累计勋章进行福利兑换。

（三）鼓励责任承诺的激励措施

在OKR的跟踪管理过程中，对员工/团队努力和取得成就的时候，给予及时的认可。这种认可既包含口头/书面的形式，也包括有形的措施。组织可以建立OKR基金，赋予管理者一定的权限，用于及时认可激励。

5. 个人及时奖

基于员工OKR的过程与结果中体现的员工努力与贡献，给予及时的认可和奖励。这种奖励，要结合员工的兴趣爱好和个人需求，给予个性化奖励。这种奖励不一定是钱，可以是员工期望的东西。比如有小孩的员工，可以给予带薪假期；喜欢运动的员工，给予运动装备等。让奖励更有效，并能让员工感受到管理者的关心与真诚。

6. 团队庆功奖

在OKR的推进过程中，可以在团队经过一段艰苦工作后，或者取得重大成就后，由管理者组织团队予以庆功。这种形式可以多样化，可以组织下午茶、团队聚餐，也可组织团建活动等。

（四）鼓励创新突破的激励措施

OKR鼓励员工不断挑战，并期望通过OKR实现10倍增长。可以设计鼓励项目和个人创新突破的奖励。这种奖励设计要及时，发生后就要给予奖励，让员工感受到这种“预期”；要是个性的，可以根据结果的价值给予奖励，让员工产生“无限的可能”。这种奖项，要充分发挥奖励的效应，通过正式的形式举行，通过多种方式宣传，关键是在组织中营造鼓励创新的氛围。

7.OKR 优胜项目奖

在组织的项目管理中推进 OKR，根据项目完成结果，给予奖励。项目的挑战性体现在：项目完成时间与计划对比、项目结果标准是否提升；项目的创新性体现在：项目过程中的创新管理、项目结果的创新性。

8.OKR 创新突破奖

在个人 / 团队的 OKR 中，能实现创新突破，根据创新突破结果，给予奖励。比如：能在一个领域内实现创新突破，可以颁发 OKR 发明奖等；OKR 的价值能上升到更高层面进行管理，例如谷歌员工提出的 Gmail 项目。

OKR 鼓励内部驱动，但是可以融合部分物质奖励激励员工。认可，是员工敬业度的关键因素。通过一些物质激励的方式，可以进一步强化组织对员工的认可。

建设全面认可体系

组织中有许多赞扬、激励等认可方式，我们可以建立一个全面认可体系取代传统的激励方案，让各种认可方式可视化、体系化。

图 12.4 是一个全面认可体系的范例，它由三个层次构成：

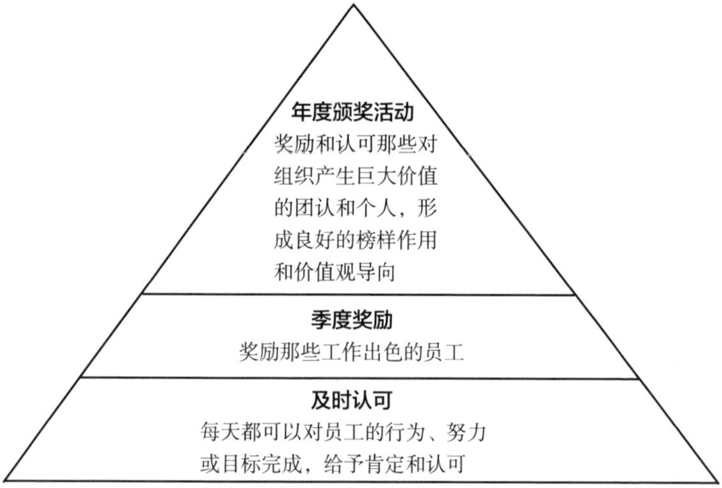

图 12.4 全面认可体系范例

金字塔底端：可以是“任何人”“任何时候”“频率高”，以精神奖励（口头表扬、书面表扬等方式）为主，辅以少量的物质投入。当然不需要加以审核，仅明确原则即可。

金字塔中部：是“少数人”“月度或季度”，精神奖励加以一定的物质奖励，需要有一定的程序和流程审核。

金字塔顶部：是“极少数人”“年度”，公司范围内表彰甚至典礼，物质奖励更高，其需要公司 CEO 进行批准。

可以结合公司文化、趣味性等要素，对认可项目进行命名，形成独特的认可文化。

技术提升敏捷

CFR 需要管理者、员工投入很多的时间进行，如果我们将时间过多投入相关流程、文件等之中，会加重管理者和员工的负担，会逐步沦落到形式化。我们要善于利用现代信息技术、工具、社交化元素等提升 CFR 执行的敏捷性。一些可以借鉴的方式有以下几种：

沟通邀请：员工或管理者可以在线发起沟通邀请，进行一对一沟通；

语音记录：可以使用语音记录沟通的内容；

在线调查：可以在线定制调查问卷，寻求反馈；

排序：可以应用排序的功能，通过“热点”“评论”“点赞”等关键词进行排序查看；

点赞：可以进行快速认可；

评论：可以随时随处发表评论。

案例一：重庆联通导入 OKR 优秀案例分享①

中国联合网络通信有限公司重庆市分公司（以下简称重庆联通）是中国联合网络通信有限公司在渝设立的分支机构，主要经营固定通信业务、移动通信业务、国内国际通信设施服务业务、数据通信业务、网络接入业务和各类电信增值业务。在传统通信服务能力基础上，形成了大数据、物联网、云计算等新兴产业发展新格局和云网一体化运营核心竞争力。目前重庆联通已成为集团网络核心节点，光缆传输达 14000 多公里，全域 UTN、OTN 网络覆盖，按照国际 T3+ 标准建设的西南数据中心，机柜容量超 1 万架，基站超 3 万个，尤其是在 5G 方面已全面启动 5G 网络组网试验并在车联网领域进行重点布局。近年联通聚焦“政务、教育、医卫、交通旅游、生态环境、工业制造”等热点行业，持续沉淀能力，以基地模式推动产业互联网规模发展，创新发展能力已处于行业领先位置。

作为央企唯一一家整体混改试点单位的在渝分支机构，重庆联通在集团公司领导下，在混改道路上迈出了实质性步伐，但是仍然存在诸多问题和挑战：发展不平衡不充分的问题比较突出；横纵协同不足，制约了企业运营效率提升和更好更快发展；基础管理仍存在弱项短板，加快实现互联网化运营仍然面临诸多不适应。

---

① 感谢重庆联通提供案例。

在绩效管理方面，重庆联通存在如下问题：

一是目标管理不够体系化。

二是完全基于 KPI 管理的自上而下的传统绩效管理模式，不能充分激发组织和个人的主动性和创造性，略显低效。

三是缺乏绩效过程管理，存在“只有绩效考核、没有绩效管理，只有结果评价、没有过程管理”等问题；缺乏充分的绩效沟通，上级对下级的绩效管理责任没有完全落实，在帮助员工提升能力、改进绩效方面作用不足。

四是职能管理部门绩效目标不明确，存在与公司战略“脱节”的问题，未真正围绕“市场、客户、一线”进行重点工作的部署。

五是“部门墙”问题较突出。

处于转型期时，面对种种困难和挑战，重庆联通在寻求一种让自身变得更加敏捷和灵活的工具，持续驱动商业成功、快速调整战略和执行的能力，OKR 符合该诉求。OKR 的引入，意在搭建从组织到个人、从量化目标到非量化任务的绩效管理体系，努力在公司范围内围绕关键目标形成足够的认同度、专注度和透明度；从上至下建立战略目标承接关系，打通壁垒，协同作战，目标统一，人人尽责，促进组织和个人绩效的提升。目前已在重庆联通全公司范围实施 OKR，搭建 KPI+OKR 的绩效管理体系。

重庆联通领导班子对 OKR 工具的引入高度重视，从项目初始就一直亲自带领 OKR 的实施。公司主要负责人表示，OKR 特别强调创新性与挑战性，在帮助重庆联通实现聚焦战略引领、培育团队的目标导向和协作意识、快速适应市场环境变化等方面能够起到关键作用，非常适合混改中向互联网化运营转型的变革需要。为了更好地让 OKR 落地，在引入 OKR 初期，重庆联通与我们项目组展开合作，分步、分批次开展了 OKR 落地实践。2018 年二、三季度重点针对 11 个职能部门进行了试点。通过试点，重庆联通认为 OKR 是很好的目标管理、绩效管理和员工自我管理工具，于是在四季度将 OKR 推广到所有部门和区县分公司中层管理及以上人员，并一直探索进一步纵深扩大的可能性。

考虑组织的复杂程度和员工数量较多，OKR 实施频率主要以季度为周期，各组织内部可结合自身情况灵活延展到月、周。根据公司组织架构和业务运营特点，重庆联通将 OKR 按两套流程运行：一是本部部门的 OKR 流程，由公司领导班子成员每季度初召集分管的部门召开 OKR 沟通会，确认当季 OKR，通过层层的上下沟通、分解，最终落实到个人；二是区县分公司的 OKR 流程，各个区县分公司作为独立的业务运营单元，根据经营目标和资源禀赋，由领导班子确定当季 OKR，每个层级再进行层层的上下沟通、分解。在 OKR 实施之初，就希望实现在组织内完全透明、公开 OKR，并实现流程穿透。通过与公司信息化部开发团队的合作，基于 OA 办公平台，创建了 OKR“平台”，能够初步实现流程穿透、公示、进度更新展示、评价等基本功能需求，在 2019 年一季度开始试用。线下的流程重在“沟通”，线上的流程重在“公示”和“过程管理”，通过线上和线下的结合，发挥 OKR 的最大效力。

在与绩效考核结合方面，重庆联通认为 OKR 可以为绩效评价提供良好的支撑，但考虑目标的挑战性尺度很难统一把握、员工存在“规避考核”的低目标心态，以及为了最大限度激发员工的创造性，OKR 评分不宜直接与绩效考核挂钩，因此暂未直接运用于绩效考核和薪酬分配。重庆联通也在探索 OKR 在人才盘点等方面运用的可能性。

从 2018 年 5 月起至 2019 年 1 月，重庆联通实施 OKR 已有 9 个月，切实获得了如下收益：

一、理清哪些工作才是最重要的工作。

二、大家聚焦的事情更加公开、透明。

三、强迫大家跳出舒适区，各个层级不断思考，通过更好的措施落地战略。

四、强化了企业文化，凸显了“团队共进”、“开放创新”、“追求卓越”的核心价值观。

当然，在 OKR 实施过程中，重庆联通也遇到一些困难和挑战，也在不断摸索解决方法：由于组织规模比较大，组织层级较多，全公司范围的 OKR 沟通和对齐非常困难。因此按上述的两套 OKR 流程运营，本部部门依托季度 OKR 沟通会，区县分公司依托内部经分会、绩效沟通会等，就公司 OKR、部门 OKR、个人 OKR 进行沟通和对齐。同时，要在短时间内使全公司对 OKR 形成一个统一的认识也是非常困难的，需要通过 OKR 的不断实践，让 OKR 渗透日常工作的各个环节，最终形成一种上下认同的绩效文化。

如何确保 OKR 能够持续开展，也是重庆联通面临的一个突出问题。首先，在组织保障上，成立领导小组、实施小组、执行负责人三级机构，从不同维度负责 OKR 在全公司的推进；其次，在机制保障上，颁布 OKR 管理制度，用机制管理 OKR 推行工作；最后，工具保障上，通过 OKR 平台，解决了事中管理、OKR 公示等问题。

对于 OKR 的执行，下一步重庆联通计划从以下几个方面着手：

一是打造标杆，通过标杆效应助推公司在挑战性、创新性、经营性人才培养、人才评价以及组织绩效等方面得到全面改善提升。

二是继续改善穿透性和横向协同不够的问题：在穿透性方面，分期推动、最终落到执行层，让各项经营管理措施真正走到末端、落到终端、落到实处；在横向协同方面，以业务为中心，职能依据业务需要进行协同，从而起到真正的支撑性作用。

三是 OKR 的推动坚持紧紧围绕公司战略经营管理目标、工作会精神等公司级目标，层层贯穿到底，落到实处。

四是持续从组织、机制、工具三个层面保障 OKR 习惯培养，为 OKR 文化形成、公司组织绩效改善提供足够保障。

重庆联通致力于借助 OKR 工具，紧紧抓住混改时间窗口，始终坚持聚焦、创新、合作的战略定力，在新基因、新治理、新运营、新动能、新生态方面采取有力措施推进落地，久久为功，将基因机制优势、IT 集中优势等转变成市场竞争优势，快速提升创新能力和创新业务规模，实现差异化突围和高质量可持续发展。

重庆联通网络优化中心在推行 OKR 的过程中，取得了明显的效果。他们认为 OKR 是一种公司、部门、员工个人自上而下的目标设定与沟通的最佳管理方法与工具，时刻提醒网优团队每个成员的重点任务是什么，促进了网优员工与网优团队的协同工作。同时，通过引入自下而上的个人成果申报，作为 OKR 敏捷绩效管理的补充，极大地激发了员工的工作活力和热情。OKR 推行期间，网络优化中心取得的效果主要体现在以下四个方面：

一、通过 OKR 试点，公司上下方向一致，网优中心内部形成合力，部门重点工作更加清晰，极大提升了网优中心的工作效率。比如通过承接公司领导的KR重点工作“移网无线侧下半年建设方案”，网优中心积极转变思路，对乡镇广覆盖站点的优化以原来的“关注网络KPI指标”为主，转变为现在的以“关注用户覆盖质量及业务吸收”为主，真正体现了工作实质。

二、OKR作为一种过程性的沟通和管理工具，试点后，使得网优中心内部的管理更加公开、透明、高效。网优中心全体员工从2018年二季度开始全员参与了OKR试点，通过多次反复沟通，不仅使得员工对自己的重点工作更加明确，公开透明的管理方式也增强了领导与员工之间的信任和了解，员工之间的信任、合作、取长补短。

三、OKR作为一种激励手段，鼓励员工创新、大胆实践，起到了对员工正向激励的作用。员工主动性和创造性被极大地激发，不断有员工主动提出挑战性目标，给自己加码，探索自己在本领域的纵深潜力。

四、OKR管理模型强调敏捷目标设定、持续反馈与教练，实际上应该是自上而下的目标分解与自下而上的目标申报两部分，在试点的初级阶段，更强调自上而下的目标分解，网优中心在试点的过程中也在思考和实践，如何完成自下而上的目标申报。2018年二季度，网优中心启动了“小而美”专项活动，作为OKR自上而下的目标申报的补充，意在鼓励员工在短时间内解决不太显眼但又能取得较好成效、具有推广价值的“小而美”专业技术问题，激发内部员工工作活力，体现员工工作之美。

案例二：OKR 制定举例

公司级 OKR

O1：**优化成本结构，提升公司盈利**

KR1：通过优化产品设计，实现产品标准成本比去年降低 10%。

KR2：通过销售管理、渠道优化等措施，实现百元产品销售费用比去年降低 10%。

KR3：通过非间接采管理，实现非间接采成本比去年降低 20%。

O2：**跑通主流 AI 赛道模式，实现可持续增长**

KR1：通过实施“产品进入千家万户”战略，实现产品日交互次数超过 X 亿。

KR2：通过智能驾驶、智能交通规模化发展路径的探索，智能驾驶与智能交通收入达到去年的 X 倍。

KR3：云及 AI 2B 业务至少在 X 个万亿行业成为第一。

O3：**完成 B 轮融资，满足成长需要**

KR1：用户超过 X 万。

KR2：月营收环比增长超过 X%。

KR3：实现盈利 X 元。

部门级 OKR

研发部门

O1：确定创新方向

KR1：通过近两年全球学术论文研究，完成技术趋势发展报告。

KR2：通过销售人员座谈、消费者访问等措施，完成市场需求分析报告。

KR3：通过团队共创的方法，完成至少 5 个创意提案。

KR4：通过创新决策会议，确定创新方向。

O2：搭建开放式创新平台

KR1：完成开放式创新平台方案设计。

KR2：梳理国内高校、研究所、专业研究公司等机构，完成潜在合作对象清单。

KR3：拜访至少 10 家机构，至少与 3 家机构建立研发合作关系。

产品部门

O1：了解用户真实需求，为概念设计提供有效支撑

KR1：销售团队对 10% 的重点客户进行访谈，完成重点客户访谈报告。

KR2：产品管理团队组织 5 场行业专家座谈会，完成专家意见汇总报告。

KR3：设计团队对新老用户进行 20 次用户测试，完成测试报告。

O2：**成功推出新产品**

KR1：组织 5 次产品发布会，获得 100 名 MQLs。

KR2：组织对销售团队 3 次培训，覆盖销售人员 80%。

KR3：组建产品销售支持小组，确保客户反馈在 1 个工作日内得到解决。

设计部门

O：**提高设计效率**

KR1：引入新工具软件，标准设计时间比过去工具软件缩短1小时。

KR2：通过设计瓶颈分析，制定并实施设计瓶颈突破方案。

KR3：通过设计手册更新及培训等措施，实现首次设计错误率控制在 5%。

销售部门

O1：**提升 A 区域销售**

KR1：新增 5 个渠道合作伙伴，实现销售 X 万元。

KR2：新增 5 个行业大客户，实现销售 X 万元。

KR3：3 月底前，设计并实施新销售佣金政策。

O2：**提升 X 产品销售**

KR1：完成所有员工 X 产品培训，确保掌握 X 产品所有卖点。

KR2：完成 3 个典型客户案例，作为产品推荐资料。

KR3：通过现有客户筛选、拜访、推介等方式，实现 X 客户购买 X 产品。

销售支持部门

O1：完善销售分析流程

KR1：建立销售分析智能平台。

KR2：回顾销售活动指标，每周向团队发送总结报告。

KR3：回顾销售渠道指标，每周向团队发送总结报告。

KR4：回顾销售业绩指标，每周向团队发送总结报告。

O2：提高销售支持效率

KR1：通过风险分析、流程分析，优化销售支持流程。

KR2：通过每季度对上周期典型资料退回案例分析，实现资料退回率降低至 5%。

KR3：新增 3 名销售支持人员。

电商部门

O1：提升用户流量

KR1：通过主题活动策划，实现活动新增月用户流量 X 万。

KR2：通过新增入口 4 个，实现新增月用户流量 X 万。

KR3：通过每周广告效果分析及广告投放优化，实现周广告流量达到 X 万。

O2：提高流量转化

KR1：建立用户行为监测机制。

KR2：用户答复时间缩短至 30 秒。

KR3：页面加载时间降低至 1 秒。

客户支持部门

O1：**提升客户满意度**

KR1：客户问题解决时间缩短至 2 天。

KR2：客户问题反映时间缩短至 4 小时。

KR3：新增客户支持人员 5 名。

KR4：培训客户服务人员服务技巧 1 次。

O2：**建立高效的客户支持团队**

KR1：客户支持团队月度满意度达到 85 分。

KR2：建立客户支持内部指引手册。

KR3：每月组织一次客户支持主题内部分享活动。

制造部门

O1：**提高交货准时率**

KR1：通过实施全面设备管理，实现周设备停机不多于 2 小时。

KR2：通过多技能人才培养，实现每个技术岗位有 2 名可接替人员。

KR3：制定订单超产能应急解决方案。

O2：**优化制造成本**

KR1：实现材料利用率提高至 88%。

KR2：通过定期质量问题分析，将返工率比去年降低 30%。

KR3：通过实施非生产性物料定额管理，实现单位非生产性物料成本比去年降低 20%。

采购部门

O1：降低制造采购成本

KR1：通过新供应商开发，实现通过供应开发降低采购成本 X 万元。

KR2：通过建立价格分析模型，实现通过谈判降低采购成本 X 万元。

KR3：通过组合采购，实现降低采购成本 X 万元。

O2：提高采购及时率

KR1：通过主要物料的供应能力分析、需求分析，建立安全库存管理清单，确保主要物料能按时交货。

KR2：对每种特殊物料新增 1 个供应商，使特殊物料供应能力提高 2 倍。

KR3：建立 15 日需求预测机制，实现 15 日物料供应预警。

财务部门

O1：提供高效财务支持

KR1：通过制定报销指引手册，实现月报销退单宗数低于 5 宗。

KR2：建立部门联系人机制，实现部门专人财务支持服务。

KR3：通过加强服务意识培训，实现月部门协作满意度达到 85 分。

O2：完成年度财务经费预算

KR1：梳理上年度财务预算问题清单、预实算对比分析，制定基于类别 / 项目预算指引。

KR2：组织所有相关人员进行 1 次预算培训。

KR3：设置专人应对预算，确保反馈问题 1 小时内得到解决。

KR4：组织部门预算会议，确保会议后 1 个工作日内完成预算修订。

IT 部门

O：改善 IT 基础设施

KR1：创建云备份系统。

KR2：消除系统停机现象。

KR3：IT 响应时间控制在 1 小时内。

KR4：IT 服务月满意度达到 85 分。

人力资源部门

O1：招聘优秀人才，满足部门人员需求

KR1：为了尽快的满足人员需求，调整人员招聘政策。

KR2：保证关键人员按期到岗。

KR3：非关键人员 X 月到岗。

KR4：试用期离职率控制在 X%。

O2：变革绩效管理，提升管理能力

KR1：变革优化绩效管理体系。

KR2：通过外部教练、内部教练，赋能管理者，确保管理者 100% 掌握绩效管理工具。

KR3：通过机制建设、定向辅导、跟踪等方式，确保 OKR 过程跟踪 100% 执行。

KR4：员工对工作目标清晰度达到 80%。

下　篇
导入手册

记录：公司年度战略 OKR

序号	目标（O）	关键结果（KRs）	完成时间	责任部门
1		KR1：		
		KR2：		
		KR3：		
		KR4：		
2		KR1：		
		KR2：		
		KR3：		
		KR4：		
3		KR1：		
		KR2：		
		KR3：		
		KR4：		

记录：团队年度 OKR

序号	目标（O）	关键结果（KRs）	完成时间	责任人
1		KR1：		
		KR2：		
		KR3：		
		KR4：		
2		KR1：		
		KR2：		
		KR3：		
		KR4：		
3		KR1：		
		KR2：		
		KR3：		
		KR4：		

检查：OKR 检查清单

类别	检查标准	检查结果
逻辑	1.OKR 对组织有价值，是重要的	是【 】否【 】
	2.OKR 完成的逻辑是清晰的	是【 】否【 】
	3. 所有 KR 的完成，O 就可以实现	是【 】否【 】
	4.OKR 是具有挑战性的，需要付出很大努力	是【 】否【 】
	5.OKR 有完成的可能性	是【 】否【 】
	6. 具备完成 OKR 必要的资源	是【 】否【 】
	7.OKR 有指定的责任人	是【 】否【 】
目标撰写	1. 以动词开始	是【 】否【 】
	2. 责任明确	是【 】否【 】
	3. 对应周期可以完成	是【 】否【 】
	4. 定性的	是【 】否【 】
	5. 可以鼓舞人心的	是【 】否【 】
	6. 精简，无歧义	是【 】否【 】
关键结果撰写	1. 任务的完成效果可以度量	是【 】否【 】
	2. 可以进行期中检查	是【 】否【 】
	3. 有完成目标的过程	是【 】否【 】
	4. 精简，无歧义	是【 】否【 】
对齐	1. 上级目标全部得到承接、分解	是【 】否【 】
	2. 重要协作得到体现	是【 】否【 】

制定个人 Q1OKR，并提出 OKR 的协作关系

序号	目标（O）	关联	信心指数	关键结果（KRs）	完成时间
1				KR1：	
				KR2：	
				KR3：	
				KR4：	
2				KR1：	
				KR2：	
				KR3：	
				KR4：	
3				KR1：	
				KR2：	
				KR3：	
				KR4：	

序号	关联目标（O）	协作要求	协作人	期望完成时间
1				
2				
3				

更新：OKR 周报　　　　**【周期】:**

本周 OKR 进度 本周，关键结果取得了哪些进步？	下周计划 下周，我计划做哪几项重要任务？
障碍 是什么阻碍了 OKR 取得更大的进步？	**方案** 我们要做什么来改善 OKR 结果？

更新：OKR 周报 **【周期】:**

本周 OKR 进度 本周，关键结果取得了哪些进步？	下周计划 下周，我计划做哪几项重要任务？
障碍 是什么阻碍了 OKR 取得更大的进步？	**方案** 我们要做什么来改善 OKR 结果？

更新：OKR 周报 **【周期】:**

本周 OKR 进度 本周，关键结果取得了哪些进步？	**下周计划** 下周，我计划做哪几项重要任务？

障碍 是什么阻碍了 OKR 取得更大的进步？	**方案** 我们要做什么来改善 OKR 结果？

更新：OKR 周报 **【周期】:**

本周 OKR 进度 本周，关键结果取得了哪些进步？	**下周计划** 下周，我计划做哪几项重要任务？
障碍 是什么阻碍了 OKR 取得更大的进步？	**方案** 我们要做什么来改善 OKR 结果？

跟踪：OKR 月报　　　　**【月】：**

序号	目标（O）	关键结果（KRs）	完成情况	完成比例	完成日期
1		KR1：			
		KR2：			
		KR3：			
		KR4：			
2		KR1：			
		KR2：			
		KR3：			
		KR4：			
3		KR1：			
		KR2：			
		KR3：			
		KR4：			

更新：OKR 周报 **【周期】:**

本周 OKR 进度 本周，关键结果取得了哪些进步？	下周计划 下周，我计划做哪几项重要任务？

障碍 是什么阻碍了 OKR 取得更大的进步？	方案 我们要做什么来改善 OKR 结果？

更新：OKR 周报 **【周期】:**

本周 OKR 进度 本周，关键结果取得了哪些进步？	**下周计划** 下周，我计划做哪几项重要任务？
障碍 是什么阻碍了 OKR 取得更大的进步？	**方案** 我们要做什么来改善 OKR 结果？

更新：OKR 周报　　　　【周期】：

本周 OKR 进度 本周，关键结果取得了哪些进步？	**下周计划** 下周，我计划做哪几项重要任务？

障碍 是什么阻碍了 OKR 取得更大的进步？	**方案** 我们要做什么来改善 OKR 结果？

更新：OKR 周报　　　　　　　　　　　　　　　　**【周期】:**

本周 OKR 进度 本周，关键结果取得了哪些进步？	**下周计划** 下周，我计划做哪几项重要任务？

障碍 是什么阻碍了 OKR 取得更大的进步？	**方案** 我们要做什么来改善 OKR 结果？

跟踪：OKR 月报 **【月】:**

序号	目标（O）	关键结果（KRs）	完成情况	完成比例	完成日期
1		KR1：			
		KR2：			
		KR3：			
		KR4：			
2		KR1：			
		KR2：			
		KR3：			
		KR4：			
3		KR1：			
		KR2：			
		KR3：			
		KR4：			

更新：OKR 周报　　　　　　　　　　　　　　　　**【周期】:**

本周 OKR 进度 本周，关键结果取得了哪些进步？	下周计划 下周，我计划做哪几项重要任务？

障碍 是什么阻碍了 OKR 取得更大的进步？	方案 我们要做什么来改善 OKR 结果？

更新：OKR 周报 **【周期】:**

本周 OKR 进度 本周，关键结果取得了哪些进步？	下周计划 下周，我计划做哪几项重要任务？

障碍 是什么阻碍了 OKR 取得更大的进步？	方案 我们要做什么来改善 OKR 结果？

更新：OKR 周报　　　　　　　　　　　　　　　　**【周期】:**

本周 OKR 进度 本周，关键结果取得了哪些进步？	**下周计划** 下周，我计划做哪几项重要任务？

障碍 是什么阻碍了 OKR 取得更大的进步？	**方案** 我们要做什么来改善 OKR 结果？

更新：OKR 周报 **【周期】:**

本周 OKR 进度 本周，关键结果取得了哪些进步？	下周计划 下周，我计划做哪几项重要任务？
障碍 是什么阻碍了 OKR 取得更大的进步？	**方案** 我们要做什么来改善 OKR 结果？

评分：QIOKR 评分

序号.	目标（O）	关键结果（KRs）	完成情况	关键结果评分	目标评分
1		KR1：			
		KR2：			
		KR3：			
		KR4：			
2		KR1：			
		KR2：			
		KR3：			
		KR4：			
3		KR1：			
		KR2：			
		KR3：			
		KR4：			

回顾：Q1OKR 复盘表

分析原因			
	关键结果	好的做法	启发
亮点			
	关键结果	不足的做法	改善
不足			
	关键结果	变化原因	经验
变化			

（续表）

总结规律

下一步行动		
继续	更新	取消

记录：Q1 团队复盘记录

同事建议 （同事给我的建议）	
复盘学习 （其他同事复盘的可学习之处）	
团队 OKR 复盘	

Q1 末，检查 OKR 有无调整

制定个人 Q2OKR，并提出 OKR 的协作关系

序号	目标（O）	关联	信心指数	关键结果（KRs）	完成时间
1				KR1：	
				KR2：	
				KR3：	
				KR4：	
2				KR1：	
				KR2：	
				KR3：	
				KR4：	
3				KR1：	
				KR2：	
				KR3：	
				KR4：	

序号	关联目标（O）	协作要求	协作人	期望完成时间
1				
2				
3				

更新：OKR 周报　　　　　　　　　　　　**【周期】:**

本周 OKR 进度 本周，关键结果取得了哪些进步？	**下周计划** 下周，我计划做哪几项重要任务？

障碍 是什么阻碍了 OKR 取得更大的进步？	**方案** 我们要做什么来改善 OKR 结果？

更新：OKR 周报 **【周期】：**

本周 OKR 进度 本周，关键结果取得了哪些进步？	下周计划 下周，我计划做哪几项重要任务？
障碍 是什么阻碍了 OKR 取得更大的进步？	**方案** 我们要做什么来改善 OKR 结果？

更新：OKR 周报 **【周期】:**

本周 OKR 进度 本周，关键结果取得了哪些进步？	下周计划 下周，我计划做哪几项重要任务？
障碍 是什么阻碍了 OKR 取得更大的进步？	**方案** 我们要做什么来改善 OKR 结果？

更新：OKR 周报 **【周期】:**

本周 OKR 进度 本周，关键结果取得了哪些进步?	下周计划 下周，我计划做哪几项重要任务?
障碍 是什么阻碍了 OKR 取得更大的进步?	**方案** 我们要做什么来改善 OKR 结果?

跟踪：OKR 月报　　　　　　　　　　　　　　　　　　　　**【月】:**

序号	目标（O）	关键结果（KRs）	完成情况	完成比例	完成日期
1		KR1：			
		KR2：			
		KR3：			
		KR4：			
2		KR1：			
		KR2：			
		KR3：			
		KR4：			
3		KR1：			
		KR2：			
		KR3：			
		KR4：			

更新：OKR 周报 **【周期】:**

本周 OKR 进度 本周，关键结果取得了哪些进步？	下周计划 下周，我计划做哪几项重要任务？
障碍 是什么阻碍了 OKR 取得更大的进步？	**方案** 我们要做什么来改善 OKR 结果？

更新：OKR 周报 【周期】:

本周 OKR 进度 本周，关键结果取得了哪些进步？	下周计划 下周，我计划做哪几项重要任务？
障碍 是什么阻碍了 OKR 取得更大的进步？	**方案** 我们要做什么来改善 OKR 结果？

更新：OKR 周报 **【周期】:**

本周 OKR 进度 本周，关键结果取得了哪些进步？	**下周计划** 下周，我计划做哪几项重要任务？

障碍 是什么阻碍了 OKR 取得更大的进步？	**方案** 我们要做什么来改善 OKR 结果？

更新：OKR 周报　　　　　　　　　　　　　　　　　　**【周期】:**

本周 OKR 进度 本周，关键结果取得了哪些进步？	**下周计划** 下周，我计划做哪几项重要任务？
障碍 是什么阻碍了 OKR 取得更大的进步？	**方案** 我们要做什么来改善 OKR 结果？

跟踪：OKR 月报 **【月】:**

序号	目标（O）	关键结果（KRs）	完成情况	完成比例	完成日期
1		KR1:			
		KR2:			
		KR3:			
		KR4:			
2		KR1:			
		KR2:			
		KR3:			
		KR4:			
3		KR1:			
		KR2:			
		KR3:			
		KR4:			

更新：OKR 周报　　　　**【周期】:**

本周 OKR 进度 本周，关键结果取得了哪些进步？	下周计划 下周，我计划做哪几项重要任务？
障碍 是什么阻碍了 OKR 取得更大的进步？	**方案** 我们要做什么来改善 OKR 结果？

更新：OKR 周报 【周期】:

本周 OKR 进度 本周，关键结果取得了哪些进步？	下周计划 下周，我计划做哪几项重要任务？
障碍 是什么阻碍了 OKR 取得更大的进步？	**方案** 我们要做什么来改善 OKR 结果？

更新：OKR 周报　　　　　　　　　　　　　　　**【周期】:**

本周 OKR 进度 本周，关键结果取得了哪些进步？	**下周计划** 下周，我计划做哪几项重要任务？
障碍 是什么阻碍了 OKR 取得更大的进步？	**方案** 我们要做什么来改善 OKR 结果？

更新：OKR 周报 **【周期】:**

本周 OKR 进度 本周，关键结果取得了哪些进步？	下周计划 下周，我计划做哪几项重要任务？

障碍 是什么阻碍了 OKR 取得更大的进步？	方案 我们要做什么来改善 OKR 结果？

评分：Q2OKR 评分

序号	目标（O）	关键结果（KRs）	完成情况	关键结果评分	目标评分
1		KR1：			
		KR2：			
		KR3：			
		KR4：			
2		KR1：			
		KR2：			
		KR3：			
		KR4：			
3		KR1：			
		KR2：			
		KR3：			
		KR4：			

回顾：Q2OKR 复盘表

分析原因			
	关键结果	好的做法	启发
亮点			
	关键结果	不足的做法	改善
不足			
	关键结果	变化原因	经验
变化			

（续表）

总结规律

下一步行动		
继续	更新	取消

记录：Q2 团队复盘记录

同事建议 （同事给我的建议）	
复盘学习 （其他同事复盘的 可学习之处）	
团队 OKR 复盘	

Q2 末，检查 OKR 有无调整

制定个人 Q3OKR，并提出 OKR 的协作关系

序号	目标（O）	关联	信心指数	关键结果（KRs）	完成时间
1				KR1：	
				KR2：	
				KR3：	
				KR4：	
2				KR1：	
				KR2：	
				KR3：	
				KR4：	
3				KR1：	
				KR2：	
				KR3：	
				KR4：	

序号	关联目标（O）	协作要求	协作人	期望完成时间
1				
2				
3				

更新：OKR 周报　　　　　　　　　　**【周期】:**

本周 OKR 进度 本周，关键结果取得了哪些进步？	**下周计划** 下周，我计划做哪几项重要任务？
障碍 是什么阻碍了 OKR 取得更大的进步？	**方案** 我们要做什么来改善 OKR 结果？

更新：OKR 周报 **【周期】:**

本周 OKR 进度 本周，关键结果取得了哪些进步？	下周计划 下周，我计划做哪几项重要任务？

障碍 是什么阻碍了 OKR 取得更大的进步？	方案 我们要做什么来改善 OKR 结果？

更新：OKR 周报 **【周期】:**

本周 OKR 进度 本周，关键结果取得了哪些进步？	下周计划 下周，我计划做哪几项重要任务？
障碍 是什么阻碍了 OKR 取得更大的进步？	**方案** 我们要做什么来改善 OKR 结果？

更新：OKR 周报 **【周期】:**

本周 OKR 进度 本周，关键结果取得了哪些进步？	下周计划 下周，我计划做哪几项重要任务？
障碍 是什么阻碍了 OKR 取得更大的进步？	**方案** 我们要做什么来改善 OKR 结果？

跟踪：OKR 月报 【月】:

序号	目标（O）	关键结果（KRs）	完成情况	完成比例	完成日期
1		KR1：			
		KR2：			
		KR3：			
		KR4：			
2		KR1：			
		KR2：			
		KR3：			
		KR4：			
3		KR1：			
		KR2：			
		KR3：			
		KR4：			

更新：OKR 周报 **【周期】:**

本周 OKR 进度 本周，关键结果取得了哪些进步？	下周计划 下周，我计划做哪几项重要任务？
障碍 是什么阻碍了 OKR 取得更大的进步？	**方案** 我们要做什么来改善 OKR 结果？

更新：OKR 周报 【周期】:

本周 OKR 进度 本周，关键结果取得了哪些进步？	下周计划 下周，我计划做哪几项重要任务？
障碍 是什么阻碍了 OKR 取得更大的进步？	**方案** 我们要做什么来改善 OKR 结果？

更新：OKR 周报 **【周期】:**

本周 OKR 进度 本周，关键结果取得了哪些进步？	下周计划 下周，我计划做哪几项重要任务？
障碍 是什么阻碍了 OKR 取得更大的进步？	**方案** 我们要做什么来改善 OKR 结果？

更新：OKR 周报　　　　　　　　　　　　　　　　**【周期】：**

本周 OKR 进度 本周，关键结果取得了哪些进步？	**下周计划** 下周，我计划做哪几项重要任务？
障碍 是什么阻碍了 OKR 取得更大的进步？	**方案** 我们要做什么来改善 OKR 结果？

跟踪：OKR 月报 **【月】:**

序号	目标（O）	关键结果（KRs）	完成情况	完成比例	完成日期
1		KR1：			
		KR2：			
		KR3：			
		KR4：			
2		KR1：			
		KR2：			
		KR3：			
		KR4：			
3		KR1：			
		KR2：			
		KR3：			
		KR4：			

更新：OKR 周报　　　　　　　　　　　　　　　　**【周期】:**

本周 OKR 进度 本周，关键结果取得了哪些进步？	**下周计划** 下周，我计划做哪几项重要任务？
障碍 是什么阻碍了 OKR 取得更大的进步？	**方案** 我们要做什么来改善 OKR 结果？

更新：OKR 周报 **【周期】:**

本周 OKR 进度 本周，关键结果取得了哪些进步？	下周计划 下周，我计划做哪几项重要任务？
障碍 是什么阻碍了 OKR 取得更大的进步？	**方案** 我们要做什么来改善 OKR 结果？

更新：OKR 周报 **【周期】:**

本周 OKR 进度 本周，关键结果取得了哪些进步？	**下周计划** 下周，我计划做哪几项重要任务？

障碍 是什么阻碍了 OKR 取得更大的进步？	**方案** 我们要做什么来改善 OKR 结果？

更新：OKR 周报 **【周期】:**

本周 OKR 进度 本周，关键结果取得了哪些进步？	下周计划 下周，我计划做哪几项重要任务？
障碍 是什么阻碍了 OKR 取得更大的进步？	**方案** 我们要做什么来改善 OKR 结果？

评分：Q3OKR 评分

序号	目标（O）	关键结果（KRs）	完成情况	关键结果评分	目标评分
1		KR1：			
		KR2：			
		KR3：			
		KR4：			
2		KR1：			
		KR2：			
		KR3：			
		KR4：			
3		KR1：			
		KR2：			
		KR3：			
		KR4：			

回顾：Q3OKR 复盘表

分析原因			
亮点	关键结果	好的做法	启发
不足	关键结果	不足的做法	改善
变化	关键结果	变化原因	经验

（续表）

总结规律

下一步行动		
继续	更新	取消

记录：Q3 团队复盘记录

同事建议 （同事给我的建议）	
复盘学习 （其他同事复盘的可学习之处）	
团队 OKR 复盘	

Q3 末，检查 OKR 有无调整

制定个人 Q4OKR，并提出 OKR 的协作关系

序号	目标（O）	关联	信心指数	关键结果（KRs）	完成时间
1				KR1：	
				KR2：	
				KR3：	
				KR4：	
2				KR1：	
				KR2：	
				KR3：	
				KR4：	
3				KR1：	
				KR2：	
				KR3：	
				KR4：	

序号	关联目标（O）	协作要求	协作人	期望完成时间
1				
2				
3				

更新：OKR 周报　　　　　　　　　　　　　　　　**【周期】:**

本周 OKR 进度 本周，关键结果取得了哪些进步？	**下周计划** 下周，我计划做哪几项重要任务？

障碍 是什么阻碍了 OKR 取得更大的进步？	**方案** 我们要做什么来改善 OKR 结果？

更新：OKR 周报 **【周期】:**

本周 OKR 进度 本周，关键结果取得了哪些进步？	**下周计划** 下周，我计划做哪几项重要任务？
障碍 是什么阻碍了 OKR 取得更大的进步？	**方案** 我们要做什么来改善 OKR 结果？

更新：OKR 周报　　　　【周期】:

本周 OKR 进度 本周，关键结果取得了哪些进步？	下周计划 下周，我计划做哪几项重要任务？
障碍 是什么阻碍了 OKR 取得更大的进步？	**方案** 我们要做什么来改善 OKR 结果？

更新：OKR 周报 **【周期】:**

本周 OKR 进度 本周，关键结果取得了哪些进步？	下周计划 下周，我计划做哪几项重要任务？
障碍 是什么阻碍了 OKR 取得更大的进步？	**方案** 我们要做什么来改善 OKR 结果？

跟踪：OKR 月报　　　　　　　　　　　　　　　　　【月】:

序号	目标（O）	关键结果（KRs）	完成情况	完成比例	完成日期
1		KR1：			
		KR2：			
		KR3：			
		KR4：			
2		KR1：			
		KR2：			
		KR3：			
		KR4：			
3		KR1：			
		KR2：			
		KR3：			
		KR4：			

更新：OKR 周报 **【周期】:**

本周 OKR 进度 本周，关键结果取得了哪些进步？	下周计划 下周，我计划做哪几项重要任务？

障碍 是什么阻碍了 OKR 取得更大的进步？	方案 我们要做什么来改善 OKR 结果？

更新：OKR 周报　　　　　　　　　　　　　　　**【周期】:**

本周 OKR 进度 本周，关键结果取得了哪些进步？	**下周计划** 下周，我计划做哪几项重要任务？
障碍 是什么阻碍了 OKR 取得更大的进步？	**方案** 我们要做什么来改善 OKR 结果？

更新：OKR 周报 **【周期】:**

本周 OKR 进度 本周，关键结果取得了哪些进步?	下周计划 下周，我计划做哪几项重要任务?
障碍 是什么阻碍了 OKR 取得更大的进步?	**方案** 我们要做什么来改善 OKR 结果?

更新：OKR 周报　　　　　　　　　　　　　　　　**【周期】:**

本周 OKR 进度 本周，关键结果取得了哪些进步？	**下周计划** 下周，我计划做哪几项重要任务？
障碍 是什么阻碍了 OKR 取得更大的进步？	**方案** 我们要做什么来改善 OKR 结果？

跟踪：OKR 月报 **【 月 】:**

序号	目标（O）	关键结果（KRs）	完成情况	完成比例	完成日期
1		KR1：			
		KR2：			
		KR3：			
		KR4：			
2		KR1：			
		KR2：			
		KR3：			
		KR4：			
3		KR1：			
		KR2：			
		KR3：			
		KR4：			

更新：OKR 周报　　　　　　　　　　　　　　**【周期】:**

本周 OKR 进度 本周，关键结果取得了哪些进步？	**下周计划** 下周，我计划做哪几项重要任务？

障碍 是什么阻碍了 OKR 取得更大的进步？	**方案** 我们要做什么来改善 OKR 结果？

更新：OKR 周报 **【周期】:**

本周 OKR 进度 本周，关键结果取得了哪些进步？	下周计划 下周，我计划做哪几项重要任务？
障碍 是什么阻碍了 OKR 取得更大的进步？	**方案** 我们要做什么来改善 OKR 结果？

更新：OKR 周报　　　　　　　　　　　　　　　**【周期】:**

本周 OKR 进度 本周，关键结果取得了哪些进步?	**下周计划** 下周，我计划做哪几项重要任务?
障碍 是什么阻碍了 OKR 取得更大的进步?	**方案** 我们要做什么来改善 OKR 结果?

更新：OKR 周报 **【周期】:**

本周 OKR 进度 本周，关键结果取得了哪些进步？	**下周计划** 下周，我计划做哪几项重要任务？
障碍 是什么阻碍了 OKR 取得更大的进步？	**方案** 我们要做什么来改善 OKR 结果？

评分：Q4OKR 评分

序号	目标（O）	关键结果（KRs）	完成情况	关键结果评分	目标评分
1		KR1：			
		KR2：			
		KR3：			
		KR4：			
2		KR1：			
		KR2：			
		KR3：			
		KR4：			
3		KR1：			
		KR2：			
		KR3：			
		KR4：			

回顾：Q4OKR 复盘表

	分析原因		
亮点	关键结果	好的做法	启发
不足	关键结果	不足的做法	改善
变化	关键结果	变化原因	经验

（续表）

总结规律

下一步行动		
继续	更新	取消

记录：Q4 团队复盘记录

同事建议 （同事给我的建议）	
复盘学习 （其他同事复盘的 可学习之处）	
团队 OKR 复盘	

年度总结

年度总结

年度总结

年度总结

年度总结

年度总结